근대 일본 해항도시의 공간형성 과정 연구

-비교도시계획연구의 관점에서-

이 저서는 2008년 정부(교육부)의 재원으로 한국연구재단의 지원을 받아 수행된 연구임(NRF-2008-361-B00001).

근대 일본 해항도시의 공간형성 과정 연구
-비교도시계획연구의 관점에서-

초판 1쇄 발행   2018년 7월 25일

지은이 ㅣ 현재열 · 김나영
펴낸이 ㅣ 윤관백
펴낸곳 ㅣ 도서출판 선인

등 록 ㅣ 제5-77호(1998.11.4)
주 소 ㅣ 서울시 마포구 마포대로 4다길 4 곳마루 B/D 1층
전 화 ㅣ 02)718-6252/6257
팩 스 ㅣ 02)718-6253
E-mail ㅣ sunin72@chol.com
Homepage ㅣ www.suninbook.com

정가 16,000원
ISBN 979-11-6068-190-1 93300

[해항도시문화교섭학연구총서 21]

근대 일본 해항도시의 공간형성 과정 연구

-비교도시계획연구의 관점에서-

현재열 · 김나영

 도서출판 선인

발 간 사

　한국해양대학교 국제해양문제연구소는 한국연구재단의 지원을 받아 2008년부터 2018년까지 인문한국지원사업인 '해항도시 문화교섭학' 연구를 수행하고 있다. 이 연구의 개요를 간략히 소개하면 다음과 같다. 먼저, 해항도시 문화교섭 연구는 바다로 향해 열린 해항도시(seaport city)가 주된 연구대상이다. 해항도시는 해역(sea region)을 구성하는 요소로서 그 자체가 경계이면서 동시에 원심력과 구심력이 동시에 작동하는 공간으로, 배후지인 역내의 각지를 연결할 뿐만 아니라 먼 곳에 있는 역외인 해역의 거점과도 연결된 광범한 네트워크가 성립된 공간이다. 해항도시는 근대자본주의가 선도하는 지구화 훨씬 이전부터 사람, 상품, 사상 교류의 장으로서 기능해 온 유구한 역사성, 국가의 영역에 머무르지 않은 초국가적인 영역성과 개방성, 그리고 이문화의 혼교·충돌·재편이라는 혼효성의 경험과 누적을 사회적 성격으로 가진다.

　다음으로 해항도시 문화교섭 연구는 해항도시를 필드로 하여 방법론적 국가주의를 넘어 방법론적 해항도시를 지향한다. 연구필드인 해항도시를 점으로 본다면 해항도시와 해항도시를 연결시킨 바닷길은 선으로 구체화되며, 바닷길과 바닷길을 연결시킨 면은 해역이 된다. 여기서 해역은 명백히 구획된 바다를 칭하는 자연·지리적 용법과 달리 인간이 생활하는 공간, 사람·물자·정보가 이동·교류하는 장이자 사람과 문화의 혼합이 왕성하여 경계가 불분명하여, 실선이 아니라 점선으로 표현되는 열린 네트워크를 말한다. 해역과 해역은 연쇄적으로 연결된다. 해항도시 문화교섭 연구는 국가와 민족이라는 분석단위를 넘어서, 해항도시와 해항도시가 구성하는 해역이라는 일정한 공간을 상정하고, 그 해항도시와 해역에서의 문화생성, 전파, 접촉, 변용에 주목하여 문화교섭 통째를 복안적이고 종합적인 견지에서 해명하고자 하는 시도다.

여기에 기대면, 국가 간의 관계 시점에서 도시 간 네트워크 시점으로의 전환, 지구화와 지방화를 동시에 반영하는 글로컬 분석단위의 도입과 해명, 중심과 주변의 이분법을 해체하고 정치적인 분할에 기초한 지리단위들에 대한 투과성과 다공성을 부여할 수 있다. 그리고 해항도시 문화교섭 연구는 역사, 철학, 문학 등 인문학 간의 소통뿐 아니라 사회과학과 자연과학 등 모든 학문과의 소통을 전제한다는 점에서, 모든 학문의 성과를 다 받아들인다는 의미에서 '바다' 인문학을 지향한다.

이처럼 해항도시 문화교섭 연구는 '연구필드로서의 해항도시'와 '방법론으로서의 해항도시'로 대별되며, 이는 상호 분리되면서도 밀접하게 연관된다. 연구필드로서의 해항도시는 특정 시기와 공간에 존재하는 것이며, 방법론으로서의 해항도시는 국가와 국가들의 합인 국제의 틀이 아니라 해항도시와 해역의 틀로 문화교섭을 연구하는 시각을 말한다. 이런 이유로 해항도시 문화교섭학 연구총서는 크게 두 유형으로 출간될 것이다. 하나는 해항도시 문화 교섭 연구 방법론에 관련된 담론이며, 나머지 하나는 특정 해항도시에 대한 필드연구이다. 우리는 이 총서들이 상호 연관성을 가지면서 해항도시 문화교섭 연구의 완성도를 높여가길 기대한다. 그리하여 국제해양문제연구소가 해항도시 문화교섭 연구의 학문적·사회적 확산을 도모하고 세계적 담론의 생산·소통의 산실로 자리매김하는 데 일조하리라 희망한다. 물론 연구총서 발간과 그 학문적 수준은 전적으로 이 프로젝트에 참여하는 연구자들의 역량에 달려있다. 연구·집필자들께 감사와 부탁의 말씀을 드리면서.

2018년 1월
한국해양대학교 국제해양문제연구소장
정문수

차 례

제5장 식민지 개척도시에서 방화(防火)도시로

-내부 식민지 해항도시 하코다테(函館)의 근대 도시공간 형성-

제6장 보론: 식민지도시의 도시계획 연구 시론

■ 그림 차례

■ 표 차례

■ 일러두기

이 책은 각각 역사학과 건축공학을 전공하는 두 필자가 만나 2010년부터 2017년까지 수행한 공동연구 작업의 여러 성과에 기초하여 구성된 것이다. 우리는 근대도시 연구가 현재의 학제적 편제에 따른 한정된 학문 분야의 연구만으로는 총체적 접근에 이를 수 없다고 생각한다. 이런 입장에서 우리는 역사(학)과 건축(학)의 시야 및 연구방법의 상호 침투와 접근을 추구하여 다년간에 걸쳐 공동연구를 수행해왔다. 이 책의 구성에서 기초로 삼은 필자들의 공동연구 성과들은 다음과 같다.

- ·「제국일본 도시계획가들의 도시사상-도시계획의 네 '개척자'를 중심으로」, 『도시연구: 역사·사회·문화』 16, 2016.
- ·「도시계획적 측면에서 본 요코하마(横浜) 개항장의 건설과정」, 『로컬리티인문학』 16, 2016.
- ·「19세기~20세기 초 오사카의 도시공간 변화와 도시정비 과정-조카마치(城下町)에서 근대도시로-」, 『동북아문화연구』 50, 2017.
- ·「해항도시 하코다테(函館)의 근대 도시공간 형성과정-19세기 말~20세기 초의 대화재와 가구개정(街區改正)」, 『해항도시문화교섭학』 16, 2017.

아울러 보론의 경우는 「비교적 전망에서 본 식민지도시의 역사적 전개와 공간적 특징」, 『석당논총』 50, 2011의 내용을 이 책의 취지에 맞게 수정하고 이후의 연구 성과에 의거해 보완하여 재구성한 것이다.

제1장

서론:

비교도시계획연구의 관점

제1장
서론:
비교도시계획연구의 관점

1. 들어가며

　1990년대 이후 본격화된 한국의 도시사 연구는 한국의 근대를 규정
짓는 식민지적 상황을 도시적 측면에서 접근하여 많은 성과들을 산출
해 왔다.[1] 나아가 한국사만이 아니라 다른 지역 전공분야와 학문 분
야에서도 식민지도시에 대한 일련의 연구성과들이 꾸준히 나오고 있
다.[2] 이런 상황에서 제국일본[3]의 식민지를 겪은 한국의 근대도시사

---

[1] 연구서만 보아도, 일제강점기 경성을 연구하는 김백영, 『지배와 공간─식민지도
　시 경성과 제국 일본』, 문학과 지성사, 2009 외에 마산, 목포, 군산 같은 식민지도
　시들을 연구한 연구서들이 나와 있다. 고석규, 『근대도시 목포의 역사·공간·문
　화』, 서울대학교출판부, 2004; 허정도, 『전통도시의 식민지근대화─일제 강점기
　의 마산』, 신서원, 2005; 김영정, 『근대항구도시 군산의 형성과 변화』, 한울, 2006.
[2] 송도영, 「식민지화와 도시공간의 근대적 재편성: 이슬람 전통도시 페스의 경험」,
　『한국문화인류학』34-1, 2001, 59~87쪽; 송도영, 「상징공간의 정치: 프랑스의 북아

에 대한 접근에 중요한 시사점을 제공해 줄 수 있는 분야가 일본 근대
도시사에 대한 연구이다. 주지하다시피, 한국은 1910년 일제의 강제병
합 이후 본격적인 근대 도시로의 전개를 이루었고, 이는 한국의 근대
도시의 기원이 식민지도시에 있다는 설명을 가능케 한다. 그런 점에
서 한국의 근대도시사는 동시에 한국 역사와 사회구조를 규정하는 근
대성과 식민성이라는 양가적 성격에 의해 규정되고 있고, 이것은 한
국 근현대사 이해의 핵심 키워드로서 작동하고 있다.[4] 따라서 한국의
식민지 시기 도시사는 일본의 제국시기 도시연구와 필연적으로 연동
될 수밖에 없고 일본 근대도시사 연구는 한국의 식민지도시 연구를
위한 필수불가결한 전제라고 할 수 있다.

   그러함에도 지금까지 한국에서의 제국일본 시기 근대도시에 대한
연구는 그리 많이 이루어지지 않았고, 최근에야 한국 근대도시사 연
구와의 비교관점에서 수행된 연구결과들이 여럿 간행되었다.[5] 하지

   프리카 식민도시 정책」, 『한국문화인류학』 35-2, 2002, 137~155쪽; 김철권, 백태경,
   「식민도시의 공간형성과 Segregation에 관한 연구: 1898-1931년의 하얼빈을 중심
   으로」, 『아시아연구』 8-1, 2005, 147~162쪽; 차경미, 「라틴아메리카의 식민도시계
   획의 기원과 형성」, 『중남미연구』 29-1, 2010, 397~430쪽; 김춘식, 「제국주의 공간
   과 융합: 독일제국의 중국식민지 도시건설계획과 건축을 중심으로」, 『독일연구』
   19, 2010, 111~144쪽.
3) '제국일본'이란 1889년 대일본제국헌법 반포에서부터 1947년 일본국 헌법 시행까
   지의 약 58년간, 즉 천황이 대일본제국헌법으로 통치한 시기를 말하지만, 엄밀히
   말해 1945년 제국일본이 연합국에 패배하면서 제국헌법의 효력이 정지되었음을
   감안하면 제국일본의 시기를 1889년부터 1945년까지로 정할 수 있다.
4) 김백영, 「식민지도시성에 대한 이론적 탐색: 공간사회학적 문제설정」, 『사회와
   역사』 72, 2006, 186~194쪽 참조.
5) 김백영, 「서양의 모방과 전통의 변용: 일본 근대 도시 형성과정의 이중적 경향」,
   『일본연구논총』 23, 2006, 407~449쪽; 김백영, 「천황제제국의 팽창과 일본적 근대
   의 기획: 일본형 식민지도시의 특성에 대한 비교사적 분석」, 『도시연구: 역사·사
   회·문화』 창간호, 2009, 43~79쪽; 박진한, 「1920·30년대 일본의 도시계획론과 도
   시계획사업 – '오사카'와 '세키 하지메'를 중심으로」, 『인천학연구』 14, 2011, 159~

만 기왕의 연구는 식민지도시 연구의 관점에서 접근하여 일본 근대도
시 형성을 지나치게 추상화하거나 아니면 특정한 도시 사례에 집중하
는 경향이 있다고 보인다.[6] 이런 연구들 대부분은 특정 도시 하나만
을 대상으로 삼아 연구되었던 경향이 있으며, 심지어 김백영의 경우
도 결국은 식민지도시 경성에 대한 연구로 귀결되는 감이 있다. 한국
의 도시사 연구의 대부분이 경성에 집중되어 나오고 있으며, 그 외 경
우 부산과 인천에 대한 연구성과들이 주종을 차지한다.[7] 결국 분명
식민지도시 연구가 "제국주의와 식민지 문제 일반에 대한 포괄적이고
비교사적인 조망 하에서" 이루어져야 함에도[8] 실제 현재의 연구성과
들은 이런 비교사적 전망들을 충분히 획득하고 있지 못하다고 판단한
다. 일본 근대도시의 형성과정은 식민지도시의 형성과정만큼이나 복
잡하고 다양한 측면을 지니며, 사례별 접근만큼이나 전체적 시야에서
의 접근 역시 요구된다고 생각한다.[9] 필자들은 이런 측면에서 일본

191쪽; 박진한 외, 『제국 일본과 식민지 조선의 근대도시 형성』, 심산, 2013). 건
축 및 도시계획 분야에서도 제국일본의 근대도시 형성기에 대한 연구는 그리 많
지 않다. 이명규, 「일본 도시계획의 아버지: 이케다 히로시」, 『국토』 173, 1996,
90~97쪽; 이명규, 「일본의 동경시구개정조례에 관한 연구」, 『산업기술연구』 9,
1997, 173~190쪽; 최철호, 「일본의 도시계획법제에 관한 연구」, 『토지법학』 18,
2002, 165~180쪽.

6) 도시사 연구로서 일본 근대도시사를 본격적으로 다룬 김백영, 「서양의 모방과
전통의 변용」은 식민지도시 연구를 주목적으로 하고 있기에 일본 근대도시의 복
잡한 전개를 지나치게 추상화하고 있다. 한편 오사카를 주요 사례로 일본 근대도
시사에 접근하는 박진한은 오사카 도시사례연구의 집적이라는 장점을 지님에도
일본 근대도시사 전체에 대한 이해를 제시하지는 못하고 있다.

7) 식민지도시 부산에 대한 연구사 정리는, 차철욱, 「일제강점기 부산도시사 연구의
회고와 전망」, 『항도부산』 23, 2007. 9, 395~417쪽.

8) 김백영, 「식민지화와 도시성에 대한 이론적 탐색」, 175쪽.

9) 이런 점에서 최근에 나온 전진성, 『상상의 아테네, 베를린·도쿄·서울』, 천년의
상상, 2015는 주목할 만하다. 베를린, 도쿄, 서울이라는 세 도시를 건축 및 도시계
획적 시야 속에서 비교해 보며 '근대'에 대한 문화적 해명을 시도하는 이 야심찬

근대도시 형성기를 도시계획에 초점을 맞추어 좀 더 전체적 시야에서 접근하고자 한다.

아래에서는 간단하게나마 근대도시 연구와 비교도시계획 연구의 관계에 대해 설명하고, 이어서 서구와 일본의 근대도시계획의 역사에 대해 대략적으로 살펴볼 것이다. 그리고 마지막으로 비교도시계획의 관점에서 구성된 이 책의 내용과 편제에 대해 설명할 것이다.

2. 근대도시 연구와 비교도시계획연구의 관점

근대 이전의 도시들이 경제적, 정치적, 종교적 이유 등으로 인해 비교적 자연스럽게 형성되었던 데 비해, 근대도시의 형성과정은 상대적으로 인간의 의지에 따라 의도적인 계획 하에 이루어지는 경향이 있다. 예컨대, '도시(City)'라는 말 자체가 시작된 유럽의 경우 근대도시의 기원에 대한 연구는 대개가 16세기 이래 군사적 목적이나 경제적 목적으로 건축가나 계획가에 의해－당시 태동하던 근대 과학의 힘을 빌려－의도된 도시 조성을 그 출발점으로 잡고 서술하고 있다.[10] 전통

저작은 그 시도만으로도 충분히 주목받을 만한 업적이 될 것이다. 그럼에도 독일사 전공자로서 저자가 발휘하는 베를린에 대한 현란한 접근에 비해, 정작, 식민지) 근대와 서울을 이해하는 출발점이자 베를린과 서울을 연결하는 노드(nod)가 되어야 할 도쿄(와 일본 도시)에 대한 접근은 너무 소박하다. 무엇보다 과연 베를린, 도쿄, 서울만으로 목적하는 바가 이루어질 것인지, 혹은 이루어졌는지는 의문이다.

[10] Leonardo Benebolo, *The Origins of Modern Town Planning*, trans. by J. Landry, Cambridge, Mass.: The MIT Press, 1971, pp. 1~19; 김철수, 『도시계획사』, 기문당, 2005, 13~24쪽; 대한국토·도시계획학회, 『서양도시계획사』, 보성각, 2012, 231~232쪽; 현재열·김나영, 「도시계획적 측면에서 본 16세기 해항도시 르아브르의 건설: 근대 도시계획의 기원」, 『역사와 경계』 90, 2014, 465~503쪽.

도시를 전면적으로 개조한 것이든, 도시가 없던 곳에 새로이 도시를 만든 것이든 근대도시는 인간이 특정한 목적을 위해 의도적으로 계획하여 형성된 측면이 강한 것이다. 이런 측면에서 근대도시 형성의 핵심적 요소는 근대 도시계획이 될 것이며, 이 도시계획은 인간이 당대 도시가 가진 문제를 해결하기 위해, 그리고 인간이 의도하는 도시의 비전을 실현하기 위해 의도적으로 구상된 것이다.[11] 따라서 근대도시의 형성을 계획적으로 의도하고 주도한 사람들의 생각과 구상, 실천은 근대도시 형성과정을 이해하는 중요한 요소 중 하나라고 할 수 있다.

지금까지 도시사 연구가 주로 사례 연구의 집적을 통해 이루어졌다면, 도시계획에 대한 연구는 구체적 개별 사례와 근대도시 형성 일반의 이해를 연결시켜 주는 주요 고리가 될 수 있다고 생각한다. 도시계획이란 도시가 형성된 뒤 바로 그때부터 발생하는 여러 도시 문제들에 대한 해결과정에서 나타난 것이라 한다.[12] 따라서 도시계획이란, 그 용어가 내포하는 근대적 뉘앙스에도 불구하고, 반드시 근대도시에만 한정된 것이 아니라 도시의 형성 이후부터 시작된 것이다. 이런 면에서 본다면 도시라는 그릇과 그 그릇의 내용을 연결하는 고리 역시 도시계획이라 할 수 있다.[13] 그리고 이 도시계획은 시초부터 현재에 이르기까지 언제나 모방과 변용의 대상이다. 한 도시의 문제 해결을 위한 여러 움직임은 그와 비슷한 문제를 지닌 도시에서 참고하게 마련이며, 결국 특정 시기 특정 도시계획의 확산과 변용이 나타난다.[14]

---

11) 領木信太郎, 김영훈 옮김, 『도시계획의 조류』, 기문당, 2007, 12쪽; 永松榮, 『都市と建築の近代』, 東京: 學藝出版社, 2008, 13~23쪽.

12) 김철수, 앞의 책, 13~15쪽.

13) B. Gauthiez, "Préface", in C. Etienne-Steiner, *Le Havre: un port, des villes neuves*, Paris: Ed. du patrimoine, 2005, p. 11.

14) 김철수, 앞의 책, 20~24쪽.

따라서 일본 근대도시 형성의 과정 역시 도시계획사적 입장에서 본다면 사례별 접근과는 다르면서도 구체성을 잃지 않는 일본 근대도시사에 대한 접근을 가능케 할 것이다.

최근 한국의 도시사 연구는 한국의 근대도시가 가진 식민지적 기원에 착목하여 일본 근대도시의 형성과정에 상당히 주목해 왔다. 즉 제국 일본의 식민지로서 한국에서 근대도시가 처음으로 형성되었음을 인정하면서 그 근대도시 형성과정의 이해를 제국 본토의 근대도시 형성과정과의 연계 속에서 파악하고자 하는 시도이다.[15] 그러함에도 일본 근대도시 형성과정에서 중요한 역할을 한 도시계획가나 실행자들이 가진 도시사상에 대한 접근은 충분하다고 하기 어렵다.[16]

3. 서구와 일본의 근대도시계획

서구와 일본의 근대도시계획은 시기적으로 본다면 그렇게 멀리 떨어져 있지 않았다. 우리가 통상 가지는 이미지와는 달리 서구와 일본의 근대도시계획은 거의 비슷한 시기에 이루어졌다. 물론 서구의 근대도시계획이 얼마간 빨리 전개된 것은 사실이지만, 그것을 따라가는

---

15) 예컨대, 김백영, 「서양의 모방과 전통의 변용」; 박진한 외, 앞의 책을 참조.
16) "일본 도시계획의 아버지"라 불리며 '제도(帝都)' 도쿄의 틀을 놓은 고토 신페이에 대해선, 김나영, 「고토 신페이(後藤新平)의 유기체적 도시 및 도시계획론」, 『일본연구』 37, 2014, 189~206쪽 참조. 박삼헌, 「도쿄의 '제도(帝都)' 부흥 계획과 고토 심페이」, 박진한 외, 위의 책, 24~51쪽도 비록 1923년 간토(關東)대지진 이후의 제도부흥계획에 한정해서이지만 고토 신페이의 도시사상을 일부 다루고 있다. 한편 일본의 도시사학자 고시자와 아키라(越澤明)의 번역서, 『도쿄 도시계획 담론』, 구미서관, 2006의 1장 「고토 신페이와 제도부흥계획」도 간략하게 고토 신페이의 생애와 도시사상을 다루고 있다.

일본의 발걸음 역시 그렇게 많이 쳐진 것은 아니었다. 여기서는 비교 도시계획 연구의 시각에서 본격적으로 근대 일본의 해항도시를 살펴 보기에 앞서, 서구와 일본의 근대도시계획이 어떻게 전개되었는지를 개략적으로 살피고 그를 통해 근대도시계획의 특징적 면모를 알아 볼 것이다.[17]

서구의 근대도시계획의 형성은 19세기 중반에서 20세기 초에 걸쳐 이루어졌다.[18] 19세기 서구에서는 산업혁명의 진전에 따라 공업대도 시가 성장하면서, 1860년대를 전후하여 대공장이 출현하고 직장과 주 거의 분화를 수반한 근대도시가 출현하였다.[19] 이러한 대도시에서는 그 이전의 도시에서는 볼 수 없었던 새로운 형태의 시가지가 출현했 다. 공장지대, 슬럼가, 교외주택지 같은 새로운 시가지를 중심으로 수 많은 도시문제와 사회문제가 발생했지만, 기존의 지방행정제도하의 자치체는 이에 제대로 대처하지 못했고 그 결과 도시의 무질서한 확 장이 전개되었다.

근대도시계획은 바로 이와 같은 새로운 도시 현상과 문제들에 대한 공적 개입의 실패에 대한 안티테제로서 나타났다고 보아야 한다. 그 것은 강력한 공적 개입을 통해 도시의 물적 개발 전체를 계획적으로 통제하고자 하는 사회적 기술로서 나타났다.[20] 우선 서구 도시계획의

17) 이하의 내용은 김나영, 「일본 근대도시계획에 미친 서구 도시계획의 영향: 유형 별 분석」, 『동북아문화연구』 39, 2014, 457~476쪽의 제2장에 주로 기초하여 작성 되었다.

18) Anthony Sutcliffe, *Towards the Planned City: Germany, Britain, the United States and France, 1780-1914*, Oxford: Basil Blackwell, 1981; Anthony Sutcliffe (ed.), *The Rise of Modern Urban Planning 1800-1914*, London: Mansell, 1980.

19) 손세관, 『도시주거 형성의 역사』, 열화당, 2000, 224~278쪽; H. 호이써만 · W. 지 벨, 서봉원 옮김, 『주거사회학』, 백산서당, 2014, 78~110쪽.

20) 대한국토 · 도시계획학회, 앞의 책, 231~232쪽; 鈴木信太郎, 앞의 책, 12쪽; 永松榮,

주체는 주로 지방자치체였다. 자치체는 종래부터 도로의 건설 등을
시행했고, 오스만의 파리개조사업처럼 대규모 조직을 갖추고 있었다.
그러나 근대도시계획의 특징은 이와 같은 공용재로서의 도시 인프라
를 공급하는 데 그치지 않고 도시 내 토지의 사적 이용을 공적 규제
아래에 두고자 했던 점에 있었다. 이런 도시계획을 지지한 사람은 주
로 교외에 자신의 주거를 가진 신흥 중간계급이며, 그들은 토지이용
의 계획적 규제를 통한 바람직한 교외주택지의 창설과 유지를 원했
다. 한편으로 도시계획기술은 고유의 가치관과 직업의식을 지닌 도시
계획 전문가가 맡았다. 이러한 중간계급과 전문도시계획가의 주도성
에 기초하여 도시계획이 지향해야 하는 '바람직한 도시상'으로서 대도
시를 부정하는 분산형·교외형의 이미지가 형성되었다. 서구근대도시
계획이 시가지를 총체적으로 통제하기 위해 기술적인 측면에서 가지
는 특징은 두 가지로, 첫째 공인된 플랜을 공동체의 공통 목표로 삼는
것이며, 둘째 이를 실현하는 여러 계통의 수법들을 체계화하여 조직
적으로 실행하는 것이었다.[21]

이런 관점에서 본다면, 서구의 근대도시계획은 산업혁명의 결과와
연관된 것이고 적어도 1870년대 이후부터 체계적으로 나타난 것이라
고 할 수 있다. 따라서 흔히 근대도시계획으로 쉽게 분류되는 1850~
1860년대 파리의 오스만화(Haussmannisation)는 근대도시계획의 전사
(前史)에 해당된다고 할 수 있다. 무엇보다 근대도시계획이 도시 사회
를 총체적으로 통제하는 것을 목적으로 하며 특히 '교외화'에 대한 대
응이었다는 점에서 본다면, 폭넓은 가로망의 확충을 통한 시가지 개
량과 도시 전체에 대한 체계적인 상하수도망의 설치를 기본 축으로

『都市と建築の近代』, 13~23쪽.
[21] 永松榮, 위의 책, 25~30쪽.

하는 오스만화는 오히려 교외화를 촉발하는 원인을 제공하였기에 근
대도시계획으로 포함시키기 어렵다고 보인다.[22] 오히려 독일에서 가
장 빨리 근대도시계획의 양상이 나타났는데, 특히 1870년부터 프로이
센에서 건축선법(Fluchtlinienplan)(1875년)에 의한 건축선의 제도화, 슈
튀벤(Joseph Stübben)의 도시건축안(Städtebauplan) 제안(1885년)에 의
한 마스터플랜 개념의 형성, 프랑크프루트 시의 단계적 건축규제
(Staffelbauordnungen)(1891년)에 의한 지역제의 출현, 아딕케스법(1902
년)에 의한 구획정리·지대수용의 제도화 등, 각종의 계획수법이 차례
로 개발되었다.[23]

영국에서도 19세기 후반 공중위생법에 입각한 건축규제를 통해 기
성 시가지 내의 노동자주택의 개선에 일정한 성과를 올렸다. 그 후 점
차 신흥중산계급의 교외주택지가 도시계획의 중심 테마로 되고, 에버
네저 하워드(Ebenezer Howard)의 전원도시론(1898년)을 거쳐 1909년
영국 최초의 도시계획법이 제정되었다. 이것이 '1909년 주택 및 도시
계획 등에 관한 법령(Housing, Town Planning Etc. Act)'이다. 이 법은
개발 목표로서의 '도시계획구상(town planning scheme)'과 그에 기초한
개발의 규제를 제도화하였고, 이를 통해 토지이용계획과 규제의 조합

---

[22] Anthony Sutcliffe, *Paris: An Architectural History*, New Haven: Yale Univ. Press, 1993, p. 105; Norma Evenson, "Paris, 1890-1940", Anthony Sutcliffe (ed.), *Metropolis, 1890-1940*, London: Mansell, 1984, pp. 264~265. 파리 대개조사업에 대해선, David H. Pinkney, *Napoleon III and the Rebuilding of Paris*, Princeton: Princeton Univ. Press, 1958; Louis Girard, *Nouvelle Histoire de Paris: La Deuxième République et le Second Empire*, Paris: Hachette, 1981, pp. 171~203 참조.

[23] 프로이센의 건축선법과 슈튀벤의 도시건축안에 대해선, 호이써만·지벨, 앞의 책, 105쪽 참조. 지역제와 아딕케스법에 대해선, 鈴木信太郎, 앞의 책, 24~25쪽; F. Bollerey and K. Hartmann, "A patriarchal utopia: the garden city and housing reform in Germany at the turn of the century", Sutcliffe (ed.), *The Rise of Modern Urban Planning*, pp. 135~165 참조.

이라고 하는 영국 근대도시계획의 역사가 시작되었다.[24]

미국의 경우는 1890년대 도시중산계급에 의한 시정개혁운동 속에서 근대도시계획이 생겨났다. 마스터플랜 개념은 시카고 만국박람회를 계기로 한 도시미운동(1893년) 속에서 '도시의 미래비전'으로 나타났고, 그 후 1920년경 소위 '아름다운 도시'에서 '효율적인 도시'로 지향점이 바뀌면서 도시 인프라 정비와 토지이용규제를 목표로 하는 마스터플랜이 등장하였다. 미국은 독일의 지역제를 수용하여 이를 더욱 발전시켰다. 1916년 뉴욕시는 최초의 종합적인 용도지역조례를 제정하였다. 이를 통해 토지이용을 용도·형태 등의 측면에서 강력하게 규제해 가는 방식이 시작되었다.[25]

위와 같은 과정을 거쳐 형성된 서구의 근대도시계획은 시기적으로 본다면 1870년대 이후부터 1910년을 전후한 시기까지 이루어졌다고 볼 수 있다. 특히 1909년의 영국의 도시계획법의 입법은 근대도시계획의 틀이 마련된 전환점으로 볼 수 있다. 또한 기술적 측면에서 본다면 서구의 근대도시계획은 기본적으로 사적 토지이용에 대한 공적 규제를 중심에 놓고 용도지정 및 규제와 같은 다양한 기술적 방식을 수행하는 것을 특징으로 하고 있다. 그와 함께 대도시의 팽창에 따라 발생하는 교외화에 대한 적극적인 대응과 해결책의 모색 역시 핵심적인 요소라고 할 수 있다.

한편, 제국일본에서의 근대도시계획의 형성과정을 살펴보면 이러하다. 먼저 메이지유신부터 1888년의 도쿄시구개정조례의 제정 때까지

---

24) John N. Tarn, "Housing reform and the emergence of town planning", Sutcliffe (ed.), *The Rise of Modern Urban Planning*, pp. 93~94.

25) 대한국토·도시계획학회, 앞의 책, 355~433쪽; William H. Wilson, "The ideology, aesthetics and politics of the City Beautiful movement", Sutcliffe (ed.), *The Rise of Modern Urban Plannig*, pp. 166~198.

약 20년간 근대도시계획의 전사(前史)에 해당하는 시기가 이어졌다. 이 시기에는 근대국민국가를 형성하는 과정에서 그에 걸맞는 서구형 근대도시의 조성을 추구해 나갔다. 즉 1872년 긴자벽돌거리(銀座煉瓦街)건설, 1886년 전후 히비야(日比谷) 관청집중계획 등에서 볼 수 있듯이 외국인 직원을 고용하여 서구의 도시건축기술을 직접 도입하고 도시를 경관적인 면에서 서양풍으로 실현하고자 했다.[26]

그 후 일본에서의 최초의 도시계획이라 할 수 있는 시구개정사업이 1889년 도쿄시구개정을 필두로 1919년까지 30년에 걸쳐서 이루어졌다.[27] 이때는 일본의 근대도시화 과정에서 발생한 여러 문제들, 즉 전염병, 대화재, 좁고 어두우며 정비되지 않은 도로, 고밀도 거주 등의 다양한 도시문제에 직면하여 법제도와 계획을 가지고 도시기반을 정비해 나가고자 했다.[28] 하지만 일본의 제국화 과정과 병행하여 부국강병을 전면에 내세운 정부는 시구개정을 부차화함으로써 시구개정 사업에 재정적 압박이 가해졌다. 오사카나 교토에서 시구개정의 필요성이 논의되어 계획이 몇 번이나 만들어졌으나 경비 문제로 벽에 부딪힌다.[29] 도쿄를 포함하여 도로사업이 진척된 것은 1900년대에 들어서이며 이것은 노면전차와 아울러 전국적인 교통망의 확충과정과 연관되어 진행되었다.[30]

20세기에 접어들면서 일본은 급속한 자본주의화를 경험했고 근대

---

26) 石田賴房, 『日本近現代都市計畫の展開 1868-2003』, 自治體硏究社, 2004, 22쪽.

27) 이명규, 「일본의 동경시구개정조례에 관한 연구」, 173~190쪽.

28) 石田賴房, 『日本近代都市計畫史硏究』, 柏書房, 1987, 33~67쪽; 石田賴房, 『日本近現代都市計畫の展開』, 57~64쪽.

29) 藤森照信, 『明治の東京計畫』, 岩波書店, 2004, 253~254쪽.

30) 水内俊雄, 「近代日本の國土空間をめぐる計畫思想とその實踐－地方利益と都市利益の相克」, 山室信一 編, 『帝國日本の學知, 第8卷 空間形成と世界認識』, 東京: 岩波書店, 2006, 200~206쪽.

공업과 인구의 도시집중이 진행되었다. 이에 따라 대도시의 교외확장, 공업, 광업, 군사기능의 입지에 따른 지방도시의 발전이 급속하게 이루어졌다. 이러한 상황에 대응하여 1919년에 도시계획법 및 시가지건축물법이 제정되었다. 도쿄를 중심으로 한 시구개정사업이 기존 시가지의 개조 및 정비를 주요 과제로 한 것에 비해, 도시계획법은 도시확장, 산업의 중화학공업화에 대응하는 도시계획기술제도의 확립, 도시계획제도의 전국도시로의 적용을 목적으로 했다. 이 법은 도쿄시구개정조례의 내용을 수용하여 도시계획구역, 지역지구제, 토지구획정리, 건축선지정, 수익자부담금 등 여러 기술과 제도를 도입하고 이를 중앙과 지방에서 진행할 기구를 설치하였다.[31] 이를 통해 본다면, 1919년 도시계획법은 도시 사회 전체를 공적으로 통제하고자 하고 일정하게 토지사용에 대한 공적 개입의 측면을 지니고 있어 일본에서 근대도시계획이 본격적으로 등장했음을 보여주는 것이었다.[32] 그리고 이어서 1923년에서 1930년에 걸친 '간토대지진 도시부흥계획'의 시행은 일본 근대도시계획사에서 가장 큰 사업이기도 하지만 기존 시가지에 적용하는 구획정리기술을 개발하고 도시계획전문관료층의 확대를 추구한 점에서 볼 때 도시계획의 제도적 확립을 강하게 추진한 것이기도 하였다.[33]

이상의 일본 근대도시계획의 형성과정은 ① 서구기술도입 및 도시개조기(1868-1887년), ② 시구개정기(1880-1918년), ③ 도시계획제도 확립기(1910-1935년)로 요약할 수 있다.[34] 이것을 시기적으로 본다면, 앞

---

31) 최철호, 앞의 논문, 170~172쪽; 石田賴房, 『日本近現代都市計畵の展開』, 87~91쪽.
32) 渡辺俊一, 「日本近代都市計畵の成立期: 硏究の課題と成果」, 『土木學會論文集』 464, 1993, 4쪽.
33) 고시자와 아키라(越澤明), 장준호 옮김, 『도쿄 도시계획 담론』, 구미서관, 2006, 18~27쪽; 石田賴房, 『日本近代都市計畵史硏究』, 249~263쪽.

서 살펴본 서구 근대도시계획의 성립 시기와 크게 차이가 난다고 할
수 없다. 전사에 해당하는 서구의 오스만화 작업이 1870년대에 근대
도시계획의 본격적 전개로 전환되는 데 비해 일본에서는 1880년대 말
까지 전사에 해당한다. 1909년의 영국의 도시계획법 입법에 비한다면
일본의 도시계획법은 1919년에 완성되었다. 그렇다면 시기상으로는
대략 10년 정도의 편차가 있으며, 이 정도라면 오히려 이 두 과정은
서로 깊은 연관 하에서 진행되었다고 보는 것이 옳을 것이다. 하지만
지금까지 일본에서 주로 진행되어 온 일본 도시사나 도시계획사의 주
요 연구경향은 근대국가 및 근대도시 형성 초기, 즉 메이지 시기의 도
시계획이나 가로 정비사업 등에서만 서구의 영향을 논할 뿐, 그 이후
전개과정에서는 일본의 도시적 전통, 즉 조카마치(城下町)의 전통에
서 출발한 시·정·촌(市町村)제도의 확립과 전개를 중심으로 설명하
는 것이었다.[35] 이에 대해 1980년대부터 이시다 요리후사(石田賴房)
와 와타나베 순이치(渡辺俊一) 같은 학자들이 "서구 도시계획과의 접
점" 연구와 "비교도시계획사적 연구"를 주장하면서 일본 근대도시계
획 형성과정과 그 발전과정에서의 서구 도시계획과의 관계에 주목하
기 시작했다.[36]

---

34) 이것은 石田賴房, 「日本近代都市計画史の全体像と時期区分」, 32쪽에서 제시된
   일본 도시계획사 전체의 8개 시기구분 중 앞의 제1기에서 3기까지에 해당한다.
   이시다는 나중에 1992년 이후 현재까지를 별도로 구분하여 9개의 시기구분을 제
   시한다. 石田賴房, 『日本現代都市計畫の展開』, 2쪽.
35) 渡辺俊一, 앞의 논문, 8쪽. 이와 같은 입장에서 일본 근대도시사를 정리하는 藤田
   弘夫, 「都市空間の創出と社會生活」, 山室信一 編, 앞의 책, 158~190쪽 참조.
36) 石田賴房, 「日本近代都市計畫史における海外都市計畫との接點について」, 『都市
   計畫』 133, 1984, 37~41쪽; 渡辺俊一, 『『都市計畫』の誕生－國際比較からみた日本
   近代都市計畫』, 柏書房, 1993.

4. 본서의 내용과 구성

이 책은 원래 근대 일본 해항도시의 공간형성과 제국일본 식민지 해항도시의 공간형성에 도시계획적 측면에서 접근하여 상호 비교함으로써 한국을 비롯한 아시아 근대도시 발전과정과 거기서 관통되는 근대성의 해명을 지향하고자 했다. 하지만 주지하듯이, 그런 작업 전체는 한 두 해의 작업을 통해 이룰 수 있는 일이 전혀 아니며, 근대 일본 해항도시에 대한 연구와 식민지 해항도시에 대한 연구를 동시적으로 진행하기도 힘든 실정이었다. 이에 필자들은 우선적으로 근대 일본 해항도시에 대한 도시계획적 측면에서의 천착을 먼저 수행하기로 정하고 일련의 연구작업과 성과 산출을 수행하였다. 이런 과정을 통해 산출된 성과를 근대 일본 해항도시에 초점을 맞추어 먼저 출간해 놓는 것이 다음 작업을 이어가는 데 도움이 될 것이라 판단하여, 원래의 기획과 의도가 아직은 반쯤 정도밖에 이루지 못한 상태이지만 얼마간은 무리해서 책의 출판을 시도하게 되었다. 따라서 본서의 내용과 구성은 원래 의도에 맞는 식민지 해항도시 부분이 전혀 담기지 못했고, 다만 식민지 부분은 일본의 '내부 식민지'로서 여겨지는 홋카이도의 하코다테 연구로 만족하기로 했다.

이상의 의도에서 발행되는 본서는 근본적으로 근대 일본의 해항도시들이 가진 특성을 몇 가지 유형별로 대표할 수 있는 사례들에 초점을 맞추어 구성되었다. 먼저 일본의 근대도시계획의 발생과 관련하여 그것에 미친 서구 도시계획의 영향과 그것을 만든 초기 도시계획가들의 사상을 살펴보아 일본 근대도시계획이 가지는 특성을 파악해 보고자 하였다. 그리고 일본에서 이렇게 형성된 근대도시계획의 여러 법제를 기초로, 또는 그와 무관하게 이루어진 여러 해항도시들의 사례들을 하나씩 살펴보는데, 필자들은 무엇보다 일본의 근대 해항도시를 세 가지 유형으로 나눌 수 있다고 보고 그를 대표하는 대표적 사례로 요코하마(橫浜), 오사카(大阪), 하코다테(函館)를 들어 살펴보았다. 즉 일본의 근대 해항도시 중 역사적으로 오래 전부터 조카마치 형태의 전통 도시로 존속해오다가 근대 이후 근대 도시로 전화하는 유형이 있는데, 이 대표적 사례로 오사카를 들어 근대도시로서의 공간형성 과정을 살펴보고자 하였다. 그리고 두 번째로 일본의 근대 해항도시 중에는 개항장 도시로서 개발되어 새로운 근대도시로 발전해 나간 유형이 있는데, 그 대표적 사례로서는 요코하마를 들 수 있다. 마지막으로 일본의 내지(內地)에 속하면서도 16세기 이후의 역사적 상황 전개 속에서 일본으로 편입되어 간 소위 '내부 식민지'의 해항도시를 살펴볼 수 있다. 이에 해당하는 대표적 사례로 하코다테를 살펴보는 것이다.

위의 내용들에 대한 검토 결과를 여기서 대략적으로 미리 정리해 두면, 먼저 요코하마는 일본에서 최초로 근대적 도시계획을 시행한 도시임을 알 수가 있었다. 개항장 도시의 건설 과정에서 도시공간 형성이 외국인거류민의 주도로 이루어졌고 이들이 당시 서구에서 등장하던 근대적 도시계획의 틀을 요코하마에서 전면적으로는 아닐지라도, 자신들의 편의적 목적을 위해 시행하고 있었던 것이다. 그래서 요코하마의 초기 도시공간 형태는 식민지도시에서 보이는 특성을 나타내고 있었고, 이런 상태가 이후 요코하마 도시공간의 기본 틀을 형성하였다. 두 번째로 오사카는 분명 일본 중세 시기부터 일본의 주도적인 물류 중심 도시로서 경제적 번영을 누렸고, 일본의 근대화 과정에서는 제국 해항도시이자 공업도시로서 크게 성장하였다. 하지만 오사카는 일본 정부의 직접적인 도시계획 정책의 혜택을 보지 못했고, 세키 하지메(關一) 같은 선도적인 자치체 지도자의 주도 하에 자체적인 도시계획 정책을 시행하다가, 1920년대 이후에야 본격적인 도시계획 사업을 펼치게 되었다. 셋째로 하코다테의 경우는 일본인의 홋카이도 (하이지) 진출의 교두보로서 기능하다가 개항장 도시로 본격적인 도시 발전을 시작하지만, 초기 이 도시의 기능은 개척도시에 있었다. 이 도시가 근대적 도시공간을 갖추어 나간 과정은 정부나 지자체 주도의 근대적 도시계획의 체계적 시행을 통해 이루어진 것이 아니라, 하코다테의 지리적 입지로 인해 발생한 자연재해, 특히 대화재에 대한 괴멸적 피해와 이에 대한 대응과정에서 이루어진 것이었다. 즉 '방화(防火)' 도시로서 하코다테가 틀을 갖추었을 때 외형적으로 하코다테는 근대적 도시공간의 형성을 완료하게 되었던 것이다.

이렇게 이 책의 내용과 구성을 짜보았지만, 필자들이 원래 가졌던 식민지도시와의 비교라는 목적을 이루지 못한 아쉬움이 크게 남았다. 그래서 마지막으로 책의 전체 편제와는 약간 어울리지 않지만, 필자들의 원래 취지를 향후 연구를 통해 이루어가기 위한 기초 작업으로서 비교도시계획 연구의 시각에서 식민지도시 연구의 시론적 성격의 글을 보론으로 말미에 첨부하였다. 주로 식민지도시의 정의와 관련된 문제와 제국주의 시기 전체에 걸쳐 식민지도시 일반에서 보이는 특성들에 대한 정리를 수행하고, 아울러 도시계획적 측면에서 접근했을 때 제국일본의 식민지도시에서 보이는 특성들을 주로 2차문헌들을 통해 대략적으로 정리해 보았다. 필자들은 이런 작업을 향후 이 책에서 이루어진 제국일본의 근대 해항도시에 대한 이해와 연동하여 식민지 해항도시들에 대한 비교 작업으로 이어나가고자 한다.

제2장
일본 근대도시계획의 등장과
서구의 영향
-사상사적 접근-

제2장
일본 근대도시계획의 등장과
서구의 영향

-사상사적 접근-

1. 들어가며

앞장 서두에서 말했듯이, 일본 근대도시사에 대한 이해는 한국의 근대도시사에 대한 총체적 이해로 나아가기 위한 출발점에 있다는 것이 필자들의 생각이다. 우리는 이런 입장에서 이 장에서는 일본 근대도시계획의 형성과정을 서구 근대도시계획과의 관계라는 시각에서 이해해 보고 나아가 일본에 근대도시계획을 도입한 초기 일본인 도시계획자들의 생각을 읽어내어 일본 근대도시계획이 가진 특성을 파악해 보고자 한다.[1] 특히 일본의 근대도시계획의 형성과 전개에서 무엇

---

[1] 일본의 근대도시계획사에 대한 연구는 일본에서도 1970년대에야 시작되었다. 石田賴房, 『日本近代都市計畵史研究』, 柏書房, 1987, 4~5쪽; 石田賴房, 「日本近代都市計画史の全体像と時期区分」, 『都市計画』 144, 1989, 30쪽. 한국에서 이루어진 일본 근대도시계획사에 대한 연구는 1장의 주 5) 참조.

보다 주목되는 점이 서구 근대도시계획과의 관계와 영향이다. 이는 김백영이 "일본 근대 도시 형성과정의 이중적 경향"으로 제시한 "서양 의 모방과 전통의 변용"을 보다 구체적으로 보여줄 수 있는 부분이며, 일본에서 발현되는 근대의 기원적 요소와 제국으로의 전개를 이해하 는 핵심적인 부분이 될 것이라고 생각한다.[2]

우선 일본 근대도시계획의 형성에서 서구 도시계획이 미친 영향을 좀 더 구체적으로 살펴보기 위해 그 영향을 유형별로 분류하여 이해 하고자 한다. 일본 근대도시계획의 형성에 미친 서구의 영향에 대해 서는 일본의 도시계획사가 이시다 요리후사(石田賴房)가 이미 '매체 (媒體)'의 입장과 '영향'의 입장에서 분류하고 있다.[3] 하지만 도시계획

---

[2] 김백영은 일본근대도시의 초기 전개를 서양의 모방에 의한 "실패"로 규정하고 일 본이 근대사회로 전개한 데는 도시적 측면에서 "전통적 유산과 그 변용"에 힘입 었다고 한다. 김백영, 「서양의 모방과 전통의 변용: 일본 근대 도시 형성과정의 이중적 경향」, 『일본연구논총』 23, 2006, 421~422쪽. 그리고 한편으로 그는 일본 근대도시사를 "서양화, 일본화, 제국화"라는 "삼차원성"을 갖는 것으로 설명한다. 김백영, 「천황제제국의 팽창과 일본적 근대의 기획: 일본형 식민지도시의 특성에 대한 비교사적 분석」, 『도시연구: 역사·사회·문화』 창간호, 2009, 43~46쪽. 분명 그가 제시하는 "서양의 모방과 전통의 변용"이라는 테제와 "서양화, 일본화, 제국 화"라는 테제는 충분히 설득력 있다. 하지만 이 모든 과정들이 별개의 것들로 분 절되어 제시되고 있다는 점은 이해가 가지 않는 부분이다. 이것들은 일본이라는 근대국가 나아가 제국이라는 하나의 실체로 구현되어 나타난 것들인데, 이런 요 소들을 분절된 것들로 제시하고 설명함으로써는 그 실체에 접근하는 것이 어렵 다는 생각이다. 분석을 위해 나누어 설명하는 것과 별개의 과정으로 제시하는 것 은 전혀 다른 것이다. 한편 서양의 모방을 "실패"로 규정하고 "전통적 유산과 그 변용"에 힘입어 일본 근대도시의 형성을 이야기한다면, 이는 일본 도시사의 전통 적 견해를 그대로 수용하는 측면이 있다고 보인다. 일본 도시사의 전통적 설명방 식은 일본 근대도시의 형성을 조카마치(城下町)에서 근대도시로 변환되었다고 보는 것이다. 하지만 "서양화, 일본화, 제국화"를 일체화시켜 보고자 한다면, 이러 한 일본의 전통적인 도시사 설명방식은 극복되어야 할 대상이 될 것이다.
[3] 石田賴房, 「日本近代都市計畵史における海外都市計畵との接點について」, 『都市 計畵』 133, 1984, 37~41쪽.

사적 시각에서 일본의 근대도시계획 형성의 초기 국면, 즉 1919년 도
시계획법의 성립에 초점을 두고 보았을 때, 이 과정을 두 가지로 뚜렷
이 구분하기는 힘든 일이라고 생각한다. 다시 말해, 도시계획법 이후,
특히 간토대지진 이후의 진재부흥계획(震災復興計畵)이나 전후의 전
재부흥계획(戰災復興計畵)같은 사례, 또는 그 후대인 1960년대와 1970
년대의 도시재개발 사업 등에서는 '영향'의 입장이 보다 분명하게 나
타나지만 도시계획 개념 형성과 실천적 적용의 과정에서는 이 둘을
구분하기는 어렵게 보인다. 따라서 여기서는 결국 일본의 근대 도시
계획 형성 초기 국면에 미친 서구의 영향을 사람과 도시경험, 그리고
지식이라는 세 가지 측면을 중심으로 살펴보고자 한다.

그리고 다음으로 메이지(明治) 말기와 다이쇼(大正)기를 거쳐 쇼와
(昭和)기에 이르기까지 일본에서 근대도시계획이 형성되는 시기에 주
된 역할을 한 고토 신페이(後藤新平), 세키 하지메(關一), 이케다 히로
시(池田宏), 가타오카 야스시(片岡安) 같은 주요 인물들의 도시관이나
도시계획론을 비롯한 도시사상을 정리하여 비교 검토해 보고자 한다.
이시다 요리후사에 따르면, 일본 근대도시계획사에서 1910년에서
1935년에 이르는 시기는 메이지 초기의 서구화 지향의 도시개조기에
서 1880년대에서 1910년대에 걸치는 시구개정기를 지나 진행된 일본
의 '도시계획제도 확립기'였다.[4] 특히 이 시기에 일본 최초의 근대
도시계획법인 '도시계획법(都市計畵法)'과 '시가지건축물법(市街地建
築物法)'이 제정되었고(1919년),[5] 1923년에는 간토대지진이 발생한 후

---

4) 石田賴房, 『日本近現代都市計畵の展開 1868-2003』, 東京: 自治體硏究社, 2004, 2~
   6쪽.
5) 渡辺俊一, 『「都市計畵」の誕生』, 東京: 柏書房, 1993, 101~165쪽. 1919년 도시계획
   법·시가지건축물법은 野田四郎 編, 『都市計畵法·工場法·市街地建築物法』, 大
   阪: 盛弘堂, 1921 참조.

당시까지의 도시계획 사상과 기법을 총동원한 진재부흥계획이 시행
되었다.[6] 이 장에서 검토하게 될 위 4인은 이 '근대도시계획제도 확립
기'에 가장 큰 역할을 한 사람들로, 일본 근대도시계획을 시작한 인물
들이라고 할 수 있다. 고토 신페이는 "일본 도시계획의 아버지"라 불
리며 오늘날 도쿄를 비롯한 일본 주요 도시의 기본 틀을 놓았다고 평
가된다.[7] 나머지 세 사람은 일본 "근대도시계획의 세 개척자"로 불리
며 1919년 법의 제정과정에서 가장 활발히 활동했고 그 법의 내용에
직접 영향을 미친 사람들이다.[8] 이들의 도시사상을 비교 검토하여 일
본 근대도시 형성과정에 대한 사상적 측면에서의 접근 가능성을 살펴
보고자 한다.

2. 서구 근대도시계획이 미친 영향의 세 가지 유형

1) 서구인의 직접 참여

첫 번째로 살펴볼 유형은 서구인이 직접 일본의 도시계획 실행에
참여하여 영향을 미친 경우이다. 이것은 주로 메이지유신 이후 시도
된 도쿄를 비롯한 근대도시의 경관 조성을 위한 가로 정비 사업들에
서 보여지는데, 여기서는 그 대표적인 사례로 긴자벽돌거리 조성사업
을 들어 외국인의 직접 참여 양상을 보고자 한다.
긴자벽돌거리 조성사업은 메이지(明治) 초기의 대표적인 도시 조성

---

6) 羽貝正美, 「震災復興と都市空間の近代化」, 『都市問題』98, 2007, 53~63쪽.
7) 越澤明, 『後藤新平』, 東京: 筑麻書房, 2011, 15쪽.
8) 渡辺俊一, 앞의 책, 18쪽.

사업으로 익히 알려져 있다. 1872년 4월 3일 대화재로 소실된 긴자 지구[9]를 서양적인 거리모습으로 변모시키려는 이 계획은 대화재 4일만인 7일에 도쿄부(東京府) 관할 전역을 벽돌조 건물을 통해 유럽풍의 불연도시(不燃都市)로 바꾼다는 목표 하에 우선 소실되고 남은 땅에 대해서 도로의 폭을 확대하고 전체 건축을 벽돌석조로 바꾼다는 방침을 결정했다. 그리고 6일째인 4월 9일 계획이 공시되었는데,[10] 이렇게 서둘러 계획을 잡는 모습은 당시 도시계획이 제도 및 기구 면에서 체계화되어 있지 않았음을 보여주는 것이다.

긴자는 당시 번화한 거리라고 할 수는 없었다. 하지만 개항장인 요코하마와 신바시(新橋) 사이에 철도공사가 진행되고 있었고, 철도 개통 후에는 요코하마로 들어온 외국인들이 긴자를 지나 관청가나 쓰키지(築地)에 있던 거류지로 갈 것이라 예상되었다. 따라서 일본정부는 이곳을 일본의 근대국가적 면모를 과시할 수 있는 장소로 인식하고 전면적인 서양풍 거리 조성을 시행했던 것이다.[11]

계획 내용은 종래 목조가옥이 주였던 가옥을 벽돌조나 석조로 개조하여 가옥의 불연화(不燃化)를 도모하는 것과 도로를 15간(間; 1간=약 1.8m), 10간, 8간, 3간의 4단계로 확충·개량하는 것이 중심이었다. 사업의 주체는 대장성(大藏省)이 맡았고, 도쿄부가 지원하는 형태가 되었다. 이 계획으로 1877년 5월에 완성된 긴자벽돌거리는 당시 니혼바시(日本橋)에 비하면 번화하지 못했고 빈집도 간간히 있었지만, 문명개화를 상징하는 거리로 알려지게 되어 오늘날 일본 제일의 번화가로

9) 이때 34개 정(町) 2926개 호(戶)가 소실되었고, 이 화재는 메이지 시대에 들어 두 번째로 큰 화재였다. 石田賴房, 『日本近現代都市計畵の展開』, 23쪽.
10) 藤森照信, 앞의 책, 5~9쪽.
11) 동경도 국제부 외사과, 『동경의 도시계획 백년』, 동경: 동경도, 1994, 4쪽; 石田賴房, 『日本近現代都市計畵の展開』, 22쪽.

성장하는 기초를 다지게 되었다.[12]

그림 2-1 긴자벽돌거리의 계획도와 실행과정[13]

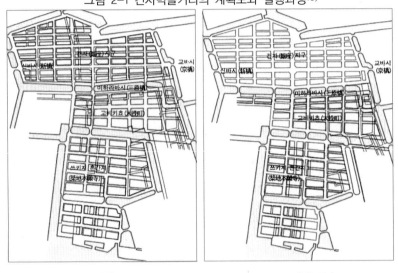

계획도   1877년의 모습

 이러한 긴자벽돌거리 조성사업은 처음부터 당시 일본정부에 고용
되었던 외국인 직원들의 적극적인 개입과 주도 하에 이루어졌다. 대
화재가 있은 지 이틀 뒤인 4월 5일부터 도로폭 확장을 위한 측량작업
이 공부성(工部省) 주도로 시작되었는데, 이 측량 작업에서부터 공부
성의 외국인 직원 여러 명이 현장으로 나가 일하였고 군중의 방해를
금지하는 고시문이 게시되어 있었다.[14] 즉 이 사업은 처음 측량단계
부터 외국인 기술자의 힘에 의존하여 진행된 것이었다.

─────────────────────────

12) 藤森照信, 앞의 책, 29-39쪽.
13) 동경도 국제부 외사과, 앞의 책, p.5에서 인용.
14) 石田賴房, 『日本近現代都市計畫の展開』, 25쪽.

이 벽돌거리 조성사업에 직접 참여한 외국인 직원들은 영국인 워터스(Thomas James Waters)와 브런튼(Richard H. Brunton), 스코틀랜드인 맥빈(Colin A. McVean), 미국인 스메들리(John Smedley), 프랑스인 플로랑(Louis Felix Florent) 등이었다. 이들은 도쿄를 근대도시의 모습으로 바꾸고자 하는 일본정부의 요청에 대해 대부분 가구(街區)를 바르게 하고 도로의 폭을 확대하여 정비하는 것과 건축법규의 제정과 건물의 불연화(不燃化)라는 의견을 제시하였다.15) 이들 중에서 특히 워터스는 대장성 소속의 외국인 직원으로서 긴자벽돌거리 조성에 큰 역할을 수행했다. 그는 벽돌조 건축의 기준으로서 「연화석건축방법(煉化石建築方法)」을 정리하고 실제로 건축된 긴자지구 벽돌건축물 917동의 거의 모든 설계에 직접·간접으로 관계했기에 긴자벽돌거리는 워터스의 설계로 완성되었다고 해도 좋을 것이다.

한편 맥빈은 정부의 지원 없이 자체 건축할 경우에 대비해 '조가령(造家令)'16)을 제정하여 준거로 삼아야 한다고 주장하면서, 홍콩의 1856년 조가령을 참고하여 '도쿄부내 시가 및 가옥 조성의 사항에 맞는 합당한 정칙(東京府下ノ市街及家屋造作ノ儀ニ付至當ノ定則)'이라는 도쿄 건축조례안(建築條例案)을 제출하였다. 이 '정칙'은 일본에서 도시의 가로 조성 및 건축에 관해 입안된 가장 빠른 규칙안이었고, 그 규정 속에는 건축에 관한 것 외에 가로 폭의 기준, 전정(前庭)의 처리방법, 건물 높이와 전면가로 등의 폭, 가로배수 등의 설비, 가로의 축조방법, 부지내 공지율 등 여러 가지 도시계획적 규정을 담고 있었다.17) 그러나 이러한 맥빈의 제안은 채택되지 않고 실제의 벽돌거리

---

15) 藤森照信, 앞의 책, 10~11쪽.
16) 메이지 초기에는 Building 혹은 Architecture라는 용어를 '造家'라고 번역하였다. 造家令은 건축법(building act)을 의미했다.

건설은 워터스가 정리한 '연화석건축방법(煉化石建築方法)'과 '가옥건축방법(家屋建築方法)'을 4월 20일에 고시하고 자비로 벽돌가옥을 건설하는 자도 이에 준거하여 설계도를 제작해 검사를 받도록 포고하였다.

메이지 초기 긴자 지구에서 발생한 대화재를 계기로 도시 가로의 전면적 정비 및 개조와 건물의 벽돌조 건설을 통한 불연화를 추구한 긴자벽돌거리 조성사업에는 당시 일본인 전문가가 없었기 때문에 정부에 고용된 외국인 직원들이 직접 참여하여 이루어진 사업이었다. 이렇게 외국인 직원이 직접 참여하여 이루어진 이 시기의 대표적인 도시계획적 사업은 이외에도 1886~1887년의 히비야(日比谷)관청가 조성계획이 있다. 비록 중간에 좌절되어 버린 이 사업에는 빌헬름 뵉크만(Wilhelm Böckmann), 헤르만 엔데(Hermann Ende), J. 홉레히트(Hobrecht) 같은 독일의 도시계획 전문가들이 일본정부의 요청으로 참여하였다.[18)]

메이지 초기에 진행된 이러한 도시계획과 실행들은 앞서 2장에서 보았듯이 서구에서도 도시계획이 완전히 확립되기 전에 이루어진 것들이다. 여기에 참여한 외국인 직원들도 근대도시계획적 시야를 가지고 있기보다는 가로 정비와 벽돌 및 석조 건축 건립을 통한 방화(防火) 문제에 주된 초점을 두고 계획을 제안하고 집행하였다. 하지만 이러한 이들의 제안들조차도 당시의 일본 도시사회가 처한 현실적인 여건에 부딪쳐 축소되어 시행되었고, 따라서 이러한 초기 도시계획적 시도들은 서구 근대도시의 가로경관이나 석조 건축에 대한 단순한 모방과 이를 통한 일본의 '근대도시다움'에 대한 과시적 성격을 강하게 띠게 되었다.

17) 石田賴房, 『日本近現代都市計畵の展開』, 25~26쪽.
18) 藤森照信, 앞의 책, 286~311쪽.

2) 서구 가로에 대한 직접 경험

일본의 도시계획에 미친 서구의 영향의 두 번째 유형은 일본인이 직접 겪은 서구 가로에 대한 경험을 들 수 있을 것이다. 일본은 개항 이후 메이지 시기 초기에 걸쳐 여러 차례 당대 최고의 지식인들을 서구에 파견하여 근대국가로서의 서구의 모습을 직접 관찰·경험하고 이를 적극적으로 반영하여 일본을 근대국가로 전환시키고자 하였다.[19] 이때 이런 지식인들이 보았던 서구의 근대국가적 면모에는 근대 도시공간의 창출이라는 면도 있었고 이 부분은 일본의 도쿄와 오사카를 비롯한 중요 도시들의 근대도시 공간으로의 전환을 가져오는 원동력으로 작용했다.[20]

이와 같이 일본의 근대국가 형성 및 제국화와 아울러 근대도시 형성에도 중요한 역할을 했던 메이지 초기의 서구에 대한 견문사절에서 후대에 가장 중요한 영향을 미친 것은 1871년 파견된 이와쿠라(岩倉) 사절단이었다. 1873년 9월까지 약 2년에 걸쳐 미국과 유럽 전역을 시찰하고 돌아온 이 사절단은 "일본 근대국가 선택의 갈림길의 원점"을 후대에 제시한 것으로 평가된다.[21] 이 사절단이 보고 경험한 것 중에는 서구 근대도시의 공간 조직과 가로경관도 있었으며 이런 경험은 메이지 시기 근대국가적 면모를 갖추기 위한 도시개조 및 가로경관

---

19) 松澤弘陽, 『近代日本の形成と西洋經驗』, 岩波書店, 1993.

20) 山室信一, 「空間認識の視覺と空間の生産」, 山室信一 編, 『帝國日本の學知, 第8 卷 空間形成と世界認識』, 東京: 岩波書店, 2006, 7~9쪽.

21) 다나카 아키라(田中彰), 현명철 옮김, 『메이지 유신과 서양문명―이와쿠라 사절단은 무엇을 보았는가』, 소화, 2013, 194쪽. 이 사절단은 매일 자신들의 일정에 대한 기록들을 남겼는데, 그것을 모은 것이 『特命全權大使米歐回覽實記』이다. 이 중요한 기록은 최근 구메 구니타케, 방광석 옮김, 『특명전권대사 미구회람실기』 전5권, 소명출판, 2011로 번역 간행되었다.

조성 사업에 큰 영향을 미쳤다.[22] 앞 장에서 살펴본 긴자벽돌거리 조성이나 관청가 집중계획 같은 것도 사실 이와 같은 사절단의 경험의 영향이 크게 작용한 사례들이기도 했다. 하지만 여기서는 이런 경험의 영향을 가장 잘 드러내는 것으로 1888년부터 시행된 시구개정사업을 들고자 한다. 이와쿠라사절단의 서구 도시 기반과 도시계획에 대한 기록 중 가장 강조되고 있는 것이 도로 포장의 문제로, 도로포장이 잘 되어 있어 차량에 의한 물자수송이 용이하고 도시의 경제활동이 활성화한다고 하는 이들의 파악 방식이 시구개정사업의 사상과 연결되고 있기 때문이다.

주지하다시피 시구개정사업이 근거한 도쿄시구개정조례는 1919년 도시계획법이 제정될 때까지 지속적으로 시행된 제도(帝都) 도쿄를 중심으로 한 "일본 최초의 도시계획법"이었다.[23] 이 조례는 기본적으로 1850~1860년대의 파리의 도시대개조 사업을 본보기로 하고 있었고, 조례의 구체적 조항에도 그를 모방한 내용이 반영되어 있었다. 이런 점에서 시구개정사업은 이와쿠라사절단에서 시작된 서구 도시의 경험의 영향이 인식적 차원을 넘어 구체적으로 법제도화되고 그것을 실행한 사례로 볼 수 있는 것이다.

시구개정사업은 1888년 도쿄시구개정조례를 제정하면서 시행되었다.[24] 이 조례는 당시 도쿄시의 구역(區域)에서 영업, 위생, 화재방지,

---

22) 사절단이 서구의 도시 인프라 정비와 공간구성을 어떻게 경험하고 인식하였는지에 대해선, 다나카 아키라, 앞의 책, 37~53쪽 참조.

23) 渡辺俊一, 「日本近代都市計畫の成立期: 硏究の課題と成果」, 『土木學會論文集』, 464, 1993, 5쪽; 石田賴房, 『日本近現代都市計畫の展開』, 37쪽.

24) 시구개정사업에 대한 설명은 많은 연구들에서 다루고 있다. 이하 시구개정사업에 대한 간략한 설명은 다음 문헌들을 참조하였다. 石田賴房, 위의 책, 37~80쪽; 鈴木博之, 『都市へ』, 東京: 中央公論新社, 2012, 166~180쪽; 최철호, 「일본의 도시계획법제에 관한 연구」, 『토지법학』 18, 2002, 166~168쪽; 鈴木信太郎, 김영훈 옮

운송 등의 지속적인 편리를 도모하기 위해 도쿄시구개정위원회(내무성소속)가 정하고 내각이 인가한 시구개정설계에 입각해 도쿄부 지사가 사업을 시행하는 것을 규정하였다. 또한 토지의 수용 및 사용에 관해서는 별도로 도쿄시구개정토지건물처분규칙을 정하였다. 1889년에 최초로 고시된 최초의 계획은 도시인프라 정비의 청사진이었고, 그 총사업비로는 2,348만 엔을 예상하였다. 조례에 따르면 사업을 위한 특별세와 보조금에서 얻는 수입합계를 연간 30~50만 엔으로 규정했기에 이 사업비는 단순계산상으로도 47~78년분에 해당하는 것이었다. 결국 시구개정사업에서 이용된 '도시계획'의 개념은 내용상 도시 인프라 정비였고, 방법상으로는 우선 정확한 설계도를 정하고 그것을 매년 조금씩 실현해 가는 방식이었다. 그러면서도 이것은 한 도시자치체의 일이 아니라 '제국=국가'의 일로 여겨졌다.

사업성과 면에서 보면, 시구개정사업은 1889년부터 30년동안 총사업비의 51퍼센트를 도로건설에 투입했고 도심부의 간선가로정비를 중심으로 제국수도의 개조를 수행했다. 전체적으로는 ① 노면전차 부설을 위한 도심부 도로 확장, ② 전염병 예방대책으로서의 상수도 정비, ③ 히비야공원(日比谷公園)의 신설과 공원을 중심으로 관청을 집중시키는 관청집중계획이라는 세 가지로 요약할 수 있다. 한 마디로 시구개정사업은 도쿄를 중심으로 한 도시 인프라 정비사업으로서 전체 사업달성률의 추이도 그런 방향으로 이루어졌다.

김, 『도시계획의 조류』, 기문당, 2007, 180~185쪽; 이명규, 「일본의 동경시구개정 조례에 관한 연구」, 『산업기술연구』 9, 1997, 180~189쪽; 김백영, 「왕조 수도로부터 식민도시로 ─ 경성과 도쿄의 시구 개정에 대한 비교연구」, 『한국학보』 112, 2003, 83~95쪽; 김백영, 「서양의 모방과 전통의 변용」, 412~413쪽.

그림 2-2 1889년 도쿄시구개정위원회의 계획도[25)

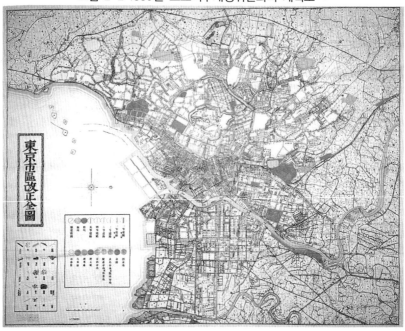

표 2-1 시구개정계획의 사업 달성율[26)

항목		당초계획	사업실적	달성률(%)
도로	(線數)	316線	133線	42.1
	(延長)	117里	44里	37.6
河濠	(新設)	8개	3개	37.5
	(改修)	22개	1개	4.5
	(外堀埋築)	4개	3개	75.0
공원	(個所數)	49개	30개	61.2
	(面積)	100만 평	69만 평	69.0
시장		(8개) 12만 평	0만 평	0
화장장		(5개) 1만 평	0만 평	0
묘지		(6개) 30만 평	0만 평	0

25) 동경도 국제부 외사과, 앞의 책, 11쪽에서 인용.
26) 渡辺俊一, 앞의 책, 13쪽에서 인용.

그런데 위에서 토지수용과 사용과 관련된 별도 규칙으로 제시한 도쿄시구개정토지건축처분규칙은 5조로 구성된 매우 짧은 규칙이었으나 일본의 도시계획기술의 역사로 보면 그 출발점이라고도 할 수 있는 매우 중요한 규칙이었다. 더구나 나폴레옹 3세와 오스만에 의한 파리개조의 주요한 수단이었던 법령을 견본으로 한 점을 포함하여 당시로서는 최신 지식을 망라한 규칙이었다고 할 수 있다. 실제 토지건물처분규칙의 제2조와 제3조는 오스만의 파리개조에서 가장 유력한 법률적 수단이었던 1852년 3월 26일의 '파리 가로에 관한 법령' 제2조 제1항, 제3항과 매우 비슷한 내용을 가지고 있었다.27) 그것은 필요 토지를 낮은 가격에 매수하고 개조작업이 끝난 후 오른 가격에 되팔 수 있는 내용이었고, 토지에 공적 이용과 규제라는 근대도시계획적 요소를 다분히 담고 있는 것이었다. 사실 파리에서 오스만은 이 조항을 활용하여 막대한 개조비용을 충당하기도 했다. 하지만 일본에서는 이 조항들은 토지소유자들의 반발과 이로 인한 정부의 소극적인 반응으로 제대로 시행되지 못했다.28) 위의 표에서 보이듯이, 토지수용과 규제에 거의 투자나 진행이 이루어지지 않은 것이다.

그럼에도 이 시구개정사업은 메이지 초기부터 이루어진 서구 도시에 대한 견문과 경험에 근거한 서구적 도시 개조사업의 정점에 있으며, 이런 경험을 통한 영향이 도시계획 법제도 속에 반영되어 나타났다고 할 수 있다. 특히 파리 대개조사업을 본보기로 삼은 것은 이와쿠라사절단이 대개조사업을 마친 파리를 보고서 느꼈던 강한 인상의 영향을 보여주는 것이었다.29)

27) 1852년 3월 26일의 법령에 대해선, Anthony Sutcliffe, *Paris: An Architectural History*, New Haven: Yale Univ. Press, 1993, p. 91 참조.

28) 石田賴房, 『日本近現代都市計畫の展開』, 50~52쪽.

3) 서구 지식과의 조우

일본 근대도시계획 형성에 미친 서구 도시계획의 영향은 일본인들의 서구 지식과의 조우를 통해서도 이루어졌다. 즉 영향의 세 번째 유형인 것이다. 일본인들의 서구 지식과의 조우는 사실 여러 가지로 이루어질 수 있다. 두 번째로 살펴본 서구 도시의 경험도 어떤 면에서는 서구 지식과의 조우로 여길 수 있을 테지만, 여기서 말하는 서구 지식과의 조우란 경험을 넘어서 학지(學知)적 형태로 서구의 도시계획에 대한 지식과 인식을 만나고 이를 수용하여 일본 도시계획에 적용하는 과정을 뜻한다. 이렇게 보았을 때 서구 지식과의 조우의 가장 흔한 형태는 일본인의 서구 유학이 될 것이다. 예컨대 일본 도시계획의 '개척자들'로 불리는 이케다 히로시, 세키 하지메, 가타오카 야스시 중 앞에 두 사람이 서구 유학의 경험이 있었다. 1905년에 내무관료가 된 이케다는 1913~1914년간에 걸쳐 유학을 하여 독일 뒤셀도르프에서 근대도시계획의 핵심적 요소들인 가로선제도나 지역제, 건축조례 등을 연구한 적이 있었다.[30] 한편 세키 하지메는 1898년에서 1901년에 걸쳐 벨기에에 유학했고 귀국 후 도시연구 및 도시계획 연구에 몰두하여 1913년에는 일본 최초로 영어의 town planning의 번역어를 '도시계획(都市計畵)'으로 사용하기도 했다.[31] 1920 · 1930년대 일본의 도시 및

---

29) 이와쿠라사절단의 파리 방문기록과 그에 대한 인상은, 구메 구니타케, 『특명전권대사 미구회람실기 제3권 유럽대륙(상)』, 소명출판, 2011에 7개 장에 걸쳐 서술되어 있다. 특히 77쪽에선 파리와 런던을 비교하면서 "런던은 사람을 노력하게 만드는 도시이고, 파리는 사람을 즐기게 만드는 도시이다"라고 평하고 있다. 또한 112~117쪽에서는 나폴레옹 3세의 사회정책과 주택정책에 대한 상세한 설명을 길게 제시하고 있다.

30) 渡辺俊一, 앞의 책, 19쪽.

31) 芝村篤樹, 「關一-その思想と政策の槪略」, 『都市問題』 80-3, 1989, 57~58쪽.

도시사회 연구를 주도했던 요네다 쇼타로(米田庄太郎)와 오쿠이 후쿠타로(奧井復太郎) 같은 학자들도 메이지 말기와 다이쇼 시기에 유학을 하여 서구의 최신 지식을 습득한 이들이다.[32]

반드시 서구 유학을 한 것은 아니지만 지속적인 관심과 연구를 통해 문헌과 자료 조사 등을 통해 서구의 지식을 수용하여 일본 근대도시계획의 형성이나 도시연구에 영향을 미친 이들도 있었다. 앞서 말한 3인의 '개척자' 중 외국 경험이 없던 가타오카 야스시는 그럼에도 도쿄제국대학 건축학과 출신의 건축학자로서 일본건축협회를 창립하고 1919년 도시계획법의 제정까지 그 움직임을 주도하였으며 당시의 여러 도시연구 및 도시계획 연구를 종합하여 1916년 "일본 최초의 도시관련 대작"인 『현대도시의 연구(現代都市之硏究)』를 간행하였다.[33] 일본 도시사회학의 개척자인 린키 에이타로(鈴木榮太郎)도 고등학교 교사로 근무하면서 미국과 영국의 최신 지식들을 습득하고 이를 나중에 일본 도시 및 농촌 사회 연구에 활용하였다.[34]

서구의 지식과 만나는 또 다른 방식으로는 유학이나 견문활동과 겹치면서도 다른 단기간의 외국 학회 참석이 있었다. 대표적인 예는 아래에서 다루게 되는 1910년의 런던도시계획회의에 참석한 것과 1924년 암스테르담 국제회의에 일본대표단이 참석한 것을 들 수 있다. 특히 1924년 암스테르담 국제회의는 위성도시건설을 통한 인구분산, 그린벨트제도의 도입, 지방계획의 필요성, 토지이용규제제도의 확립과 같은 근대도시계획의 핵심적 요소들을 확고히 했는데, 이것이 일본에 즉시 소개되어 당대 대지진을 겪은 도쿄 부흥계획과 후대의 일본 도

---

32) 藤田弘夫, 「都市空間の創出と社會生活」, 山室信一 編, 앞의 책, 171쪽, 175쪽.
33) 渡辺俊一, 앞의 책, 19쪽.
34) 藤田弘夫, 앞의 논문, 177~178쪽.

시계획의 전개에 큰 영향을 주었다.[35]

한편 서구의 지식과 조우하는 방식에는 일본인이 서구로 가는 경우와는 반대로 외국인 도시계획 전문가나 학자가 일본으로 와서 서구의 최신 지식들을 일본에 전달하는 경우도 있었다. 앞에서 살펴본 일본 정부에 직접 고용되어 초기 도쿄의 근대적 가로 조성사업에 참여했던 외국인 직원들의 활동도 이런 경우에 속하겠지만, 강연이나 정보전달을 목적으로 외국인 전문가나 학자가 초빙되어 중요한 지식 전달을 수행하는 사례가 많았다. 잘 알려진 대표적인 예로는 1885년에서 1886년에 걸쳐 독일인 경찰간부 빌헬름 횐(Wilhelm Hoehn)이 행한 강연과 1922년에서 1923년에 걸친 미국의 저명한 역사학자 찰스 비어드(Charles A. Beard)의 내일(來日)이었다. 빌헬름 횐은 독일 경찰의 경찰제도를 일본에 소개하고 일본의 경찰제도 확립에 도움을 주기 위해 강연 활동을 했는데, 당시 독일에서는 건축에 대한 관리가 경찰의 관할 하에 있었기에 이 강연 속에서 1875년에 제정된 독일의 가로선 및 건축선법도 상세하게 소개하였다. 이를 통해 일본에 처음으로 건축선 개념이 소개되었다.[36] 한편 당시 도쿄시장 고토 신페이의 요청으로 도쿄의 시정 현황 조사와 미국의 시정사례 소개를 위해 일본에 온 찰스 비어드는 마침 1923년에 발생한 간토대지진으로 인해 폐허가 된 도쿄를 다시 부흥하는 문제, 즉 제도부흥계획(帝都復興計畵)에 큰 영향을 미쳤다. 이 과정에서 그는 공공사업의 효율성이나 도시계획사업 재원의 수익자부담 원칙 같은 도시계획상의 중요한 문제들을 제시하고 후대 일본의 도시계획에까지 영향을 주었다.[37]

---

[35] 石田賴房, 『日本近代都市計畵史硏究』, 200~201쪽.
[36] 石田賴房, 『日本近現代都市計畵の展開』, 35~36쪽.
[37] 渡辺俊一, 앞의 책, 219~231쪽.

이런 다양한 서구 지식과의 조우는 특히 일본 근대도시계획의 확립이라고 볼 수 있는 1919년의 도시계획법 및 시가지건축물법의 제정과정에서 큰 영향을 미쳤다. 일본에서 서구의 근대를 모방하기 위해 주로 가로 조성과 시가지 개량을 목적으로 이루어진 시구개정 작업은 오히려 대도시화와 교외화를 가속화하는 결과를 낳게 되고, 일본은 다이쇼기에 접어들면서 심각한 교외화 문제에 부닥치게 되었다. 이전부터 안고 있던 급작스런 대도시화로 인한 여러 도시 문제와 새로이 제기되는 교외화 문제까지를 포괄하여 체계적인 도시문제에 대한 접근이 이 시기에는 요구되었던 것이다. 그래서 1910년대에 들면서 일본에서는 서구의 근대도시계획에 합치하는 제대로 된 도시계획법 제정의 움직임이 내무관료 및 도시계획 전문가와 학자들을 통해 적극적으로 추진되었고, 마침내 1919년 도시계획법의 제정에 이르게 된 것이다.

그런데 이 도시계획법은 그 명칭에 '도시계획(都市計畵)'이란 용어를 지니고 있다. 뿐만 아니라 그 내용에서도 도시 사회 전체에 대한 컨트롤이라는 관념과 공적 목적을 위한 토지에 대한 공적 개입 및 규제라는 개념이 들어 있어 토지구획정리, 용도지구제, 건축선 제도와 같은 근대도시계획의 핵심요소들이 포함되어 있다.[38] 이하에서는 이 도시계획법 자체보다 이 법이 담고 있는 '도시계획(town planning)'이란 개념과 관념이 일본에 전파되고 수용하는 과정에 초점을 두어 살펴보고자 한다. 즉 근대적 도시계획이 일본에서 법제화하는 과정에서 서구의 영향이 어떻게 이루어졌나를, 그 계기가 되었던 1910년의 런던 도시계획회의 이에 대한 일본인들의 반응을 통해 보고자 하는 것이다.

---

[38] 1919년 도시계획법의 내용에 대한 자세한 소개는, 石田賴房, 『日本近現代都市計畵の展開』, 81~115쪽 참조.

1910년 4월 15일 한 통의 외국우편이 일본 건축학회에 도착했다.[39] 그것은 동년 런던에서 개최될 예정인 영국왕립건축가협회(Royal Institute of British Architects)의 '도시계획(town planning)' 회의의 초대장이었다. 이 런던도시계획회의는 1909년 제정된 영국의 주택 및 도시계획 등에 관한 법을 축하하기 위해 열린 것이었다. 세계 최초의 도시계획 국제 회의였던 이 회의는 당시 아직 형성 중에 있던 서구 근대도시계획의 전체 상을 처음으로 세상에 전면적으로 드러내었다. 회의에는 영국 내외에서 1,300명 이상이 참석했고, 국제적으로는 12개국에서 참여했다. 하지만 이들 중 서구에 속하지 않는 나라는 영국령 인도정부와 일본뿐이었다. 6일 간에 걸쳐 진행된 회의는 강연회와 전시회, 견학으로 구성되었는데, 강연회의 강사는 당시 국제 도시계획계의 최고 핵심인물들인 영국의 애드쉐드(S.D. Adshead), 게디스(Patrick Geddes), 하워드(Ebenezer Howard), 페플러(George L. Peppler), 언윈(Raymond Unwin), 미국의 버냄(Daniel H. Burnham), 로빈슨(Charles M. Robinson), 독일의 슈튀벤(H.J. Stübben) 등으로 구성되었다. 강연내용도 도시사·현대도시론·교외개발·시가지개조·미관문제·토지문제·도시계획법제 등 여러 방면에 걸쳤고, 이때까지의 각국에서 도시계획운동에 입각하여 거둔 성과와 문제와 전망이 발표되고 활발한 논의가 전개되었다.[40]

이 회의에 일본건축학회는 공식 초청을 받았지만, 실제 참석한 이는 한 사람뿐이었다. 당시 일본의 건축학회에는 'town planning'이 무엇인

---

39) 渡辺俊一, 앞의 책, 61쪽.

40) John N. Tarn, John N. Tarn, "Housing reform and the emergence of town planning", Anthony Sutcliffe (ed.), *The Rise of Modern Urban Planning 1800-1914*, London: Mansell, 1980, pp. 91~92; Shun-Ichi Yatanebe, "Metropolitanism as a Way of Life: the Case of Tokyo, 1868-1930", Anthony Sutcliffe (ed.), *Metropolis, 1890-1940*, London: Mansell, 1984, p.417.

지 아는 자가 거의 없었다. 처음 일본건축학회는 당시 영국에 체류 중이었던 건축학회 회원 3명을 이 회의에 파견하려고 했다. 하지만 런던회의의 일정이 연기되면서 다시 대표자를 2명 선정했지만, 결국 그중 1명만이 회의에 참석하게 된 것이다. 그래서 1910년 10월 10일에서 15일까지 열린 이 회의에 일본을 대표해 참석한 이는 츠지야 준이치(土屋純一)라는 젊은 학자이고 이 또한 학회대표로서가 아니고 개인 자격으로 이루어졌다. 게다가 이 츠지야라는 사람은 건축이나 도시 전공이라기보다는 절이나 신사 같은 종교건축물의 보존을 전공하는 사람으로 당시 영국 유학 중이었다.[41]

이 대회에 참석한 츠지야는 회의에 대한 보고서를 제출하여 영국만이 아니라 당시 서구에서 논의되는 'town planning' 개념을 일본에 소개하고자 하였다. 이 과정에서 일본건축학회는 이 말을 '시가배치계획(市街配置計畵)'이라는 말로 번역하고 그런 의미에서 이해하는 모습을 보이고 있다. 즉 당시 일본 건축계는 이 말을 "건축 설계에서 평면도상에 '시가'의 배치를 정하는 기술" 정도로 파악하고 있음을 보여준다.[42] 이것은 당시 일본의 건축학계가 건축과 도시계획을 분리해서 사고하고 후자를 설계와 기술적 측면으로만 한정해서 생각했던 것을 보여주며 이런 생각은 한동안 지속되었다. 물론 이것은 시구개정 단계에서 보여준 도시계획을 단순한 가로 조성이나 시가지 개조 정도 차원에서 이해하던 것보다는 좀 더 진전된 것이라 할 수 있지만, 근대도시계획의 도시 문제, 특히 도시 사회의 여러 문제를 총체적으로 해결하기 위한 통제 체계의 설정과 교외지구의 관리, 용도 규제 등의 문제의식과는 거리가 멀다. 일본 건축학회가 공식적으로 'town planning'

---

41) 渡辺俊一, 앞의 책, 61~62쪽.
42) 위의 책, 66쪽.

의 번역어를 '도시계획(都市計畵)'으로 처음으로 사용한 것은 1913년
이었다. 이때 일본건축학회는 '건축에 관한 사항을 조사연구하는' 목
적의 상설위원회들을 설치하는데, 이 중 4부위원회의 임무에 '도시계
획'이 나오고 있는 것이다. 하지만 이때도 4부위원회의 임무를 "의장
설계, 주택건축, 도시계획, 건축 경기"로 규정하여 도시계획을 디자인
이나 설계와 동일시하고 건축규정이나 법률 관계 문제와 별개로 취급
하는 모습을 보였다.[43]

오히려 학계와는 달리 이 시기에 내무관료들은 '도시경영(都市經
營)'이란 용어를 쓰면서 근대적 도시계획의 본래 뜻에 가까운 의미로
사용하고 있었다. 이후 이렇게 전파된 도시계획 개념을 올바로 이해
하고 서구의 개념 그대로 수용하기보다는 일본 현실에 맞추어 수용하
려는 다양한 노력들이 앞서 말한 이케다 히로시나 가타오카 야스시
같은 사람들을 중심으로 전개되었고, 1917년 도시연구회의 설립과
1918년 내무성 산하 도시계획조사회의 설치를 통해 일본 근대도시계
획의 기본 개념이 완전히 확립되었다.[44]

그렇다면 이렇게 활약한 이 시기의 주요 도시계획가들의 사상을 고
토 신페이, 세키 하지메, 이케다 히로시, 카타오카 야스시 등, 4대 도시
계획가들을 중심으로 살펴보도록 하자.

---

43) 위의 책, 71쪽.
44) 물론 그렇다고 1919년의 도시계획법이 근대도시계획의 완성이라는 의미는 아니
다. 그 법의 제정을 추진한 사람들이 도시계획에 대해 근대적인 발상을 갖추고
있었더라도 실제 법의 제정과정은 당시 일본이 처한 상황 내에서 여러 가지 제약을
받았고, 그래서 실제 완성된 1919년 법은 '초과수용'을 통한 재원 확보 문제, 개발
이익의 공공환원 문제 등에서 한계를 가진 불완전한 것이었다. 石田賴房, 『日本
近現代都市計畵の展開』, 114~115쪽; 고시자와 아키라, 앞의 책, 6쪽.

3. 근대 일본의 도시관과 도시계획관: 4대 도시계획가들의 사상을 중심으로

1) 도시계획가들의 출신과 경력

여기서는 4대 도시계획가들의 출신과 활동상들을 간단하게 정리해서 비교해 보도록 한다. 이것은 도시계획제도 확립에서 가장 큰 기여를 한 이들 간의 공통점과 차이점을 확인하는 것이며, 또한 메이지 유신에 들어 젊은이들을 발탁하여 제국으로 나아가는 일본의 경제 및 사회발전을 뒷받침하는 전문관료로 육성했다는 기본 전제를 확인하는 것이기도 하다.

먼저 고토 신페이(1857~1929년)부터 살펴보자.[45) 그는 메이지 시기 전인 1857년(일본 연호로는 安政 4년이다) 도호쿠(東北) 지방의 시골(현재 미즈사와(水澤))에서 몰락한 중급무사의 아들로 태어났다. 하지만 그는 지역의 '인재(人才)'로 발탁되어 당시로서는 가장 서구적인 직업인 의사로서 훈련받았다. 잠시 의사 생활을 한 그는 26세에 내무성 위생관료가 되고 1890~1891년에 독일 유학 후 1892년 35세의 나이로 내무성 위생국장이 되었다. 이후 1896년 대만총독부의 2인자인 민정국장으로 취임, 대만의 도시개발과 도시계획만이 아니라 식민지 경영 전체를 주도하였고 1906년 만철(滿鐵) 초대 총재로 대련, 봉천, 장춘 같은 여러 도시의 개발과 도시계획을 시행했다. 1908년에는 제2차 가츠라(桂) 내각에 체신성 장관으로 입각하고 1916년 데라우치(寺內) 내각에서 내상과 철도원 초대 총재를 겸임하면서 이때부터 근대적 도시

---

45) 고토 신페이의 출신과 경력은, 越澤明, 『後藤新平』, 東京: 筑麻書房, 2011 참조.

계획법 제정 운동에 직접 관여한다. 1919년 도시계획법 제정 이후 1920년 도쿄시장이 되었고 1923년 간토대지진 후 결성된 야마모토(山本) 내각에 내상 겸 제도부흥원(帝都復興院) 총재로서 참여해 대지진 후의 도쿄부흥계획을 입안했다. 1923년 야마모토 내각 총사퇴와 함께 퇴직한 그는 말년을 도쿄시정조사회(東京市政調査會)를 중심으로 도시계획 및 행정과 위생행정에 대한 강연을 하며 보냈다.

  다음으로 세키 하지메(1873~1935년)의 출신과 경력을 간단히 살펴보자.[46] 메이지 초기에 시즈오카(靜岡) 현에서 막부의 하급 신하 집안에서 장남으로 태어난 세키는 도쿄로 이주해 어린 시절을 보냈으며 도쿄고등상업학교(현 히토쓰바시 대학의 전신)에 진학한 해(1890년[47])에 아버지를 여의면서 집안의 가장으로서 책임감을 느끼며 살았다. 또한 근대화 과정에 필요한 상업 및 경제 전문 인력 양성을 목적으로 한 고등상업학교에 진학함으로써 국가의 '부국강병'을 위해 경제를 확고히 한다는 기본적 사고를 확립하였다. 그는 1897년 고등상업학교 교수로 임용되었고 이후 1900~1901년 독일에 유학하여 사회개혁주의적인 경제학을 공부하였다. 이후 다시 1914년까지 교수직을 수행하다 1914년 오사카시 고급조역(高級助役)으로 발탁되어 도시행정과 도시정책 수행에 발을 들여놓았다. 1923년 제7대 오사카 시장에 취임한 후 세키는 1935년 사망 시까지 2기에 걸쳐 시장직을 수행하면서, 청일전쟁 이래 급격하게 성장하고 발전하던 오사카시의 도시 문제 해결을 위해 여러 도시계획사업을 시행하였다. 뿐만 아니라 '제도(帝都)' 도쿄에 치우친 시구개정을 비롯한 도시계획 정책을 그에 못지않게 심각한

----

46) 세키 하지메의 출신과 경력에 대해선, 芝村篤樹, 『關一一都市思想のパイオニア』, 京都: 松瀬社, 1989 참조.
47) 1889년에 제국헌법이 반포되었다.

문제를 안고 있던 오사카시와 여타 다른 대도시에도 적용해 나가기 위해 근대적인 도시계획법 제정 운동에도 적극적으로 활동했다. 그의 도시계획구상과 정책은 오사카만이 아니라 오늘날 현대 일본의 도시행정 및 도시정책에 중요한 기여를 한 것으로 여겨지며 현재도 세키의 각종 정책에 대한 재검토를 통해 도시 문제 및 그 해결을 위한 도시정책에 준거점으로 활용되고 있다.

세 번째로 살펴볼 인물은 이케다 히로시(1881~1939년)이다.[48] 이케다 히로시는 메이지 14년에 시즈오카에서 태어났다. 그의 아버지는 막부 신하였으나 일찍이 전직하여 시즈오카 현의 여러 군들에서 군수(郡長)를 지냈다. 그는 막부 신하 출신의 아버지에게서 강직한 성품과 국가 중심의 사고라는 중요한 영향을 받았다고 한다. 이케다는 '일고(一高)' 독법과(獨法科)를 졸업하고 교토제국대학 법과를 수석으로 졸업한 후 1905년 내무성 관료가 되었다. 그는 1911년 토목국 도로과장을 맡으면서부터 이후 1929년 퇴직할 때까지 1918년 내무성대신관방 도시계획과 초대과장, 1919년 도시계획법 제정과 초안 작성에의 참여, 1920년 사회국(후생성의 전신) 초대 국장, 동년 도쿄시 조역으로 고토의 '8억 엔 계획' 입안, 1923년 내무성 산하 사회국장 겸 제도부흥원 계획국장으로서 제도부흥계획 수행 등, 여러 가지 도시행정 및 도시계획을 수행하였다. 특히 고토 신페이의 절대적인 신뢰를 받아 위의 모든 과정은 고토 신페이의 거취에 따라서 진행되었을 정도였다. 그는 1913년 런던 만국도로회의 참석차 일본을 떠나 1년간 서구 각지를 돌며 서구(특히 독일) 근대도시계획의 법제와 정책을 견학·연구한 후 귀국하였다. 이케다는 1929년 도쿄부 지사와 가나카와 현 지사를 역

<hr>

48) 히케다 히로시의 출신과 경력에 대해선, 渡辺俊一, 앞의 책, 170~176쪽 참조.

임한 후 퇴직한 뒤 오사카 상과대학(현 오사카시립대학)을 비롯한 여러 대학에서 강의하고 도시연구회와 도쿄시정조사회를 중심으로 연구 활동을 수행하다가 1935년경부터는 국책관계의 계몽활동에 주력했다. 그는 1939년 중일전쟁 중에 상하이 신도시건설계획 수행을 위해 활동하다 57세의 나이로 사망했다.

마지막 인물은 가타오카 야스시(1876~1946년)이다.[49] 가타오카는 메이지 9년 가나자와(金澤)시에서 평범한 집안의 차남으로 태어났지만 뒤에 오사카의 실업가이자 정치가인 가타오카 나오하루(片岡直溫)의 양자가 되었다. 그는 '사고(四高)'를 나와 도쿄제국대학 건축과에 입학하고 1897년부터 건축가로서 활동하기 시작했다. 가타오카는 위의 3인과 달리 관료가 아닌 민간인 건축가로서 수많은 건축 작업을 수행하였다. 그리고 1912년경부터 도시문제 · 도시계획에 대한 연구를 진행해 1916년 일본 최초의 본격적인 도시계획 연구서라 할 수 있는 『현대도시의 연구(現代都市之硏究)』를 간행하였다. 1917년에는 간사이건축협회(關西建築協會)를 설립했고 이것이 나중에 일본건축협회로 발전했다. 그리고 1917년에서 1923년까지 오사카시의 도시계획에 관여했고 아울러 1919년 도시계획법 및 시가지건축물법 제정에 깊숙이 참여했다. 1920년에는 도쿄제국대학에서 일본 최초의 도시계획분야 공학박사학위를 받았으며, 한편으로 오사카 상공회의소 회장을 역임하는 등 실업계에서도 활동했다.

이상의 출신과 활동에 대한 간략한 비교를 통해, 다음의 사실을 확인할 수 있다. 첫째, 가타오카를 제외한 3인은 모두 당시 일본의 중하층 집안 출신으로 모두 전문관료로 양성되었다는 공통점을 지닌다.

---

[49] 가타오카 야스시에 대한 설명은, 위의 책, 102~103쪽 참조.

이들은 모두 의사와 전문인력으로 양성되어 교수, 내무성 관료로서 제국으로 성장하던 일본의 틀 속에서 '개명적(開明的)' 역할을 위해 필요한 인자가 되었으며, 최종적으로는 전문 관료로서의 길을 걸었다. 모두 국가를 최우선으로 여기고 국가의 (주로 경제) 발전을 위해 도시 문제를 바라보고 해결하는 데 자신의 역량을 최대한 모았다는 점 또한 공통점이라고 할 수 있다. 다만 가타오카의 경우는 상당히 다른데, 나중에 그의 도시사상에서 볼 수 있듯이, 그는 민간인 건축가로서 건축 자체를 중심에 놓고 도시를 사고하는 모습을 보인다.

한편 4명 모두에 공통된 것은 서구 도시계획의 영향이다. 가타오카를 제외한 3명 모두 서구, 특히 독일에 유학하거나 견학을 해서 영향을 받고 있으며, 이는 1919년 도시계획법·시가지건축물법의 내용 속에 반영되었다.[50] 또한 서구 유학 및 견학의 경험이 없던 가타오카 역시 1915년 샌프란시스코에서 열린 국제공학회의에서 뉴욕시의 기술감독인 넬슨 루이스(Nelson Lewis)가 행한 「도시계획(City Planning)」이란 제목의 강연에 크게 감명받았고, 그의 『현대도시의 연구』는 이를 일본의 실정에 맞추어 "개작"한 것이라고 한다.[51]

하지만 이런 서구 도시계획의 영향이란 공통점에도 이들 4명은 모두 이 서구 도시계획을 각자 나름대로 일본에 맞게 수정해서 받아들이며, 그런 점에서 이는 이들의 도시 및 도시계획관에서 나타나는 차이를 보여주는 점이기도 하다.

이상 위에서 다룬 네 사람의 출신과 경력을 간단히 표로 제시하면

---

[50] 특히 도시계획법에서는 용도지역제(用途地域制) 요소로 나타나며, 시가지건축물법에서는 건축선(建築線) 및 건축조례(建築條例) 개념의 도입으로 나타났다. 內務大臣官房都市計畵課, 『市街地建築物法の話』, 1926 참조.

[51] 渡辺俊一, 『앞의 책』, p. 126.

아래와 같다.

표 2-2 4대 도시계획가들의 출신 및 경력

	고토 신페이 (後藤新平)	세키 하지메 (關一)	이케다 히로시 (池田宏)	가타오카 야스시 (片岡安)
생애	1857-1929년	1873-1935년	1881-1939년	1876-1946년
출신	이와테(岩手)	시즈오카(靜岡)	시즈오카(靜岡)	가나자와(金澤)
학력	스카가와의학교 의학	도쿄고등상업학교 경제학	교토제국대학 법학	도쿄제국대학 건축학
유학 경험	독일 유학	벨기에-독일 유학	독일 유학	없음
	위생공학과 세균학을 중심으로 연구했으나 유학 이전 내무성 관료일 당시 서구 도시계획의 영향을 받아 유학 당시 독일의 도시계획을 탐색한 것으로 보임	유학 중 사회개혁주의적인 경제학을 연구했으며 도시계획을 따로 연구한 적은 없음	뒤셀도르프에서 도시확장계획, 가로선, 지역제, 건축조례 등의 실태에 대해 연구	유학 경험은 없으나 루이스의 강연 '도시계획(City Planning)'에 영향을 받아 『현대도시의 연구』 저술
주요 경력	-내무성 위생국장 -대만총독부 민정국장 -제도부흥원 총재	-경제학 교수 -오사카 시장	-토목국 도로과장 -도시계획과 과정 -제도부흥원 계획국장	-건축가 -간사이건축협회 설립 -오사카 상공회의소 의장
특이 사항	-만철의 초대총재 -대만의 식민지 경영에 참여	-이론파 행정관 -지방자치제의 실천가	-이론파 행정관 -구법·물법을 기초	-도시계획의 법제화 운동 참여 -민간인으로 유력한 계몽가

2) 4대 도시계획가들의 도시사상

이제 이 네 사람이 가진 도시 및 도시계획관이 어떠했는지를 차례로 살펴보도록 하자. 이를 위해 공통적으로 도시 및 도시계획과 관련해서만이 아니라 여러 분야에 걸쳐 방대한 문헌을 남긴 이 네 사람들

의 글 중에서 그들 각각의 도시 및 도시계획관을 잘 드러낼 수 있는
문헌을 선별하여 텍스트로 삼고자 한다.[52]

먼저 고토 신페이의 도시 및 도시계획관을 살펴보자. 고토 신페이
의 도시관은 '생물학적 원칙'에 입각해 있었다.

　　최근에는 과학의 진보에 의한 도시계획이 실행되는 것처럼 되었지만, 과학
의 진보 그 자체가 차츰 변하고 있다. 종래 과학적인 것은 물질적인 것이어서
분명 물질에 기울어져 있었지만 오늘날에는 심리상태에 관한 과학이 진보함과
동시에 완전히 영혼과 피가 일체일여(靈血一體一如)가 아니면 우리의 생활에
도움이 되는 완전하며 원만한 과학이라고 말할 수가 없다. 과학적인 시설에 의
해서 도시계획을 행한다고 하는 이상은 이 점에 깊이 유의해야 한다. 그러므로
도시계획은 생물학의 원칙에 의거하지 않으면 안 된다.[53]

여기서 고토는 과학이 물질만 중시하던 시대가 지나갔고 이제 정신

---

52) 고토 신페이: 後藤新平, 「都市計畵と自治の精神」(원래 『都市公論』 12-4, 1921에
　　게재), 後藤新平歿八十周年記念事業實行委員會 編, 『後藤新平とは何か－自治・
　　公共・共生・平和: 都市デザイン』, 東京: 藤原書店, 2010, 151~187쪽; 同, 「東京
　　市政要綱」(1921년 5월 日本工業俱樂部 연설, 『都市公論』 4-6, 1921에 게재), 위
　　의 책, 191~200쪽.
　　세키 하지메: 關一, 「都市計畵論」(원래 1934년 대학강연록), 『都市政策の理論と
　　實際』, 東京: 三省堂, 1936, 99~126쪽; 同, 『住宅問題と都市計畵』, 京都: 弘文堂
　　書房, 1923.
　　이케다 히로시: 池田宏, 『現代都市の要求』, 東京: 都市硏究會, 1919; 同, 『都市計
　　畵法制要論』, 東京: 都市硏究會, 1921.
　　가타오카 야스시의 경우 1916년에 나온 일본 최초의 근대도시계획 연구서라고
　　하는 『현대도시의 연구(現代都市之硏究)』(東京: 建築工藝協會) 외에 여타 문헌을
　　직접 분석하지 못하였다. 이에 다른 문헌에 대해서는 渡辺俊一, 앞의 책, 119~133
　　쪽에 정리된 내용에 의거하였다.
　　이상 위의 문헌들을 기본으로 하고 필요에 따라 여타 관련문헌을 참조해서 정리
　　한다.
53) 後藤新平, 「都市計畵と自治の情神」, 154쪽.

적, 심리적 요소도 중요시하는 시대가 되었다고 쓰고 있다. 그런 점에서 과학에 기초한다는 도시계획도 정신적, 심리적 요소, 즉 인간 중심적인 요소들을 중시해야 한다고 적고 있다. 그는 "도시는 민중(民衆)이 모여 사는 곳이고 … 민중과 분리해서는 있을 수" 없다고 하며 "사람을 떼고는 도시가 아니다"고 한다.[54] 그리고 이 생물학적 원칙에서 자치의 개념이 나온다. 그는 "자치는 생물의 본능이고 인류의 본능이다"고 하며, 영어에서 자치를 번역했다고 일본인의 본능 속에 자치가 없는 것이 아니라고 주장한다.[55] 이것은 모든 생물은 스스로를 지키고자 하는데 다른 생물은 자신을 지키기 위해 여러 가지 수단을 갖고 있지만 인간은 그런 수단을 개인적으로 갖고 있지 못하며 따라서 자신의 생존을 지키기 위해(衛生) 집단을 만들고 사회를 이룬다는 주장이다. 이 때문에 인간은 자치의 능력을 자신을 지키기 위해 본능적으로 가지고 있으며, 도시계획은 도시에서 살아가는 인간의 이런 본능에 입각하여 인간의 생활을 돕기 위해 이루어져야 한다는 것이다.

이런 고토의 도시론은 효율성을 중시하면서 나타나는 근대도시의 획일성과 단조로움을 벗어나 새로운 형태의 도시론을 추구하는, 특히 유기체적 도시의 가능성을 찾는 현대의 도시론과 통하는 바가 있으며, 도시를 전체로 바라보면서 그 속에서 살아가는 사람들의 생활을 보장해야 한다는 그의 주장은 현대 건축 및 도시전문가들도 높이 평가하고 있다.[56]

하지만 좀 더 면밀히 살피면 그의 생물학적 원칙에 입각한 도시론

---

54) 위의 글, 152쪽.
55) 위의 글, 155쪽.
56) 靑山佾, 「後藤新平の都市論－四つの視點」, 後藤新平歿八十周年記念事業實行委員會 編, 앞의 책, 37~47쪽; 鈴木丈晃, 「都市計畫法」, 渡辺利夫・奥田進一 編, 『後藤新平の發想力』, 東京: 成文堂, 2011, 24~25쪽.

및 도시계획사상은 여러 가지 한계 또한 가지고 있다. 의사로서의 경력에서 생물학적 원칙이 출발했기에 그의 생물학적 원칙이란 사실상 자연도태와 적자생존을 원리로 삼는 진화론을 인간사회와 도시적 전망에 바로 적용한 것에 다름 아니라고 생각된다.[57] 그래서 그의 도시론에서는 '개인의 자치' 부분에서 미묘한 해석이 나타난다.

> 개인의 자치라는 것은 인류의 생활하는 개체가 모두 가지고 있는 자위적(自衛的)인 것으로 이것은 모두 본능의 작용에서 나온다. 그러하기에 그 **생물의 계급의 차이에 따라서** 완전한 것도 있고 불완전한 것도 있다. 이에 따라서 방위(防衛)하는 것이다.[58]

고토는 진화론적 시각에 입각해 있기에 생물 간에 '계급의 차이'가 있고 그에 따라 자치라는 본능적 행위도 차별이 생긴다고 얘기한다. 그가 대만에서 원주민의 오래된 관습을 조사하고 그에 맞도록 도시계획을 전개한다고 한 것은 이러한 생각과 관련이 있는 것이다. 이것은 그의 식민주의와 식민지 경영관을 뒷받침하는 것이다. 고토는 식민지를 "세계적 조류인 '국민적 제국주의(國民的帝國主義)'를 통한 해외 발전 그 자체"라고 보았고 "넓은 의미에서 외교정책의 일환"으로 위치 부여하였다. 고토는 대만의 경우 중국이라는 거대 문명의 일부였기에 (즉 이미 "계급"이 부여되어 있기에 그 "계급"에 따라) 일본과 동등하거나 내부로 동화되는 것이 아니라 일본이라는 거대 시스템의 하부 시스템으로 존재하면 되고 따라서 "헌법이라는 은택"을 부여할 필요가 없다고 생각했다.[59]

----

57) 이는 일본의 근대 위생제도 및 사상의 형성에 대한 연구에서도 지적된다. 宝月理恵, 『近代日本における衛生の展開と受容』, 東京: 東信堂, 2010, 285~287쪽.
58) 後藤新平, 「都市計畫と自治の情神」, 157쪽. 강조는 인용자의 것임.

고토 신페이는 자신의 생물학적 원칙과 자치의 원리에 입각한 도시 및 도시계획을 실행하는 단계에서는 얼마간 이원적인 태도를 취한다. 고토는 도시계획의 '3대 요목(三大要目)'을 제시하는데, 그것은 이러하다.

> 어떤 것이 사실이고 어떤 것이 거짓인가, 어떤 것이 선함이고 어떤 것이 악함인가. 어떤 것이 아름다움이며 어떤 것이 추함인가. 이에 대한 판별력은 인류의 자치능력이 정신적인 힘으로서 발휘되는 가운데 생겨난다. 진선미(眞善美)가 도시계획의 일대요소이며, 이것이 여러 가지 계획 위에 정확히 실현되는 데는 삼세관통(三世貫通), 내외투철(內外透徹)의 힘에 의거해야 한다. 삼세관통이란 과거, 현재, 장래의 개인이 각자 계승하는 힘이며, 내외투철의 원칙은 즉 우리의 3천년 역사에 흘러온 도시상주생활, … 또한 해외 여러 나라의 역사에 주의해야 한다는 것이다. 이것이 삼세관통, 내외관철의 견지를 갖고서 도시계획에 임해야 하는 이유이며, 그 사이에 진선미라고 하는 것이 따로 있지 않다. 이리하여 도시의 미관이라는 것이 생겨난다. 요컨대 이 3대 항목을 적당히 조화하여 역사적 관념을 갖고서 득실을 명확히 하고 장래를 위해 시설을 만들어야 한다.[60]

이렇게 제시하는 3대 요목이 도시계획상에서 적절히 실현되는 것은 결국 "시설", 즉 인프라 정비에서 이루어진다. 비록 명시적으로 자신의 글에서 밝힌 적은 없지만, 그가 취한 여러 도시계획들의 내용을 보면, 그는 도시계획에서 인프라 정비를 가장 우선시하고 있음을 보여준다. 사실 그는 도시란 인간 생활을 중심에 두고 구성되어야 한다고 주장하면서도, 실제 도시계획에서는 인간의 생활공간 조성과 인프라 정비를 분리하여 사고하며 주안점을 두는 것은 인프라 정비에 있었

---

59) 고토의 발언은 春山明哲, 『近代日本と台湾: 霧社事件・植民地統治政策の研究』, 東京: 藤原書店, 2008, 238~239쪽에서 재인용.

60) 後藤新平, 「都市計畵と自治の情神」, 158쪽.

다. 그가 제시한 '8억 엔 계획'에는 도쿄의 도시개조를 위해 실현해야
할 16개 항목이 제시되어 있는데, 여기서 공원 및 광장 확충, 하천 개
수, 시장 및 도살장 신설, 화장장 신설을 제외한 전부가 도시 인프라
정비와 관련된다.[61] 특히 가로 정비 및 확충 등과 관련된 항목이 3개
항목이며 이에 할당되는 예산이 전체 8억 엔의 정확히 반인 4억 엔이
었다.[62] 이렇게 고토가 인프라 정비를 중시하는 것은, 그가 도시계획
에서 정치가 해야 할 일과 주민들이 스스로 해야 할 일을 분리해서 생
각했기 때문이다. 그는 정치, 즉 정부가 해야 할 일이 인프라 정비에
있는 반면, 도시민의 생활공간 조성은 주민들의 자치를 통해 이루어
야 한다고 생각했다.[63]

요컨대 인프라를 중시하는 고토의 도시론과 도시계획 사상은 결국
그도 근대도시의 기본적 틀, 즉 효율성과 기능성에 초점을 두는 시각
을 공유하고 있었음을 알 수 있다. 그리고 생물학적 원칙을 통해 나타
나는 고토의 유기체적 도시론 역시도 기본적으로 당시 서구에서 유행
하던 진화론적 관점에 서있던 것으로 오늘날의 근대도시 극복을 위해
제시하는 유기체적 도시론과는 얼마간 성격이 다른 것으로 파악해야
할 것이다.

다음으로 오사카 시장 세키 하지메의 도시 및 도시계획관을 살펴보
자. 세키 하지메는 제국 일본의 '부국강병'에 기여하는 사회개량주의
라는 시각으로 도시를 바라보기 때문에, 도시를 기본적으로 '공업입
국'을 달성하기 위한 전제조건으로 보았다. 세키는 도시를 자본주의

---

[61] 後藤新平, 「東京市政要綱」, 194~195쪽.
[62] 越澤明, 앞의 책, 195쪽에 수록된 8억 엔 예산 견적서 도표 참조.
[63] 藤森照信, 「後藤新平の公の視點」, 後藤新平歿八十周年記念事業實行委員會 編, 앞의 책, 68쪽.

성립·발전의 기동력으로 보고 자신의 경제론·자본주의론에서 중추적인 자리를 도시에 부여하였다.[64] 이렇게 본다면 세키는 무엇보다도 '상공업입국론자'이며 그 안에서 도시주의자였다.

세키의 도시 및 도시정책론을 관통하는 기본 모티브는 이러하다. "대공업의 미증유의 발달과 함께 다수의 임금노동자가 발생하고, 그 공장 내의 생활은 국민의 경제상, 위생상, 풍기(風紀)상, 교육상, 성격상 커다란 위험, 폐해를 미치는 데 이르렀다." 그런 점에서 "대공업에서 임금노동자 문제는 현재 사회문제의 중추(中樞)"이다.[65] 즉 세키의 도시정책은 제국 일본이 당면한 "현재 사회문제의 중추"인 노동자문제를 해결한다는 것이 그 출발점이었다. 그리고 그 해결의 중심에 주택문제가 위치했다. 특히 20세기 초 오사카는 늘어나는 인구에 비해 주택 공급의 절대 부족으로 인해 심각한 주택문제를 안고 있었고, 이는 동시에 도시 외곽 지역의 슬럼화를 가져왔으며 그에 따라 각종 사회문제를 초래하고 있었다.[66] 세키는 도시의 주택사정이 악화된 원인을 도시 주변에 노동자를 비롯한 "중하층계급"이 밀집해 거주하고 그럼으로써 지가(地價)가 앙등하면서 주택비용이 과하게 늘어나 주거환경이 악화된 데 있다고 생각했다. 그런 점에서 도시주택을 개량하기 위해서는 "주택에 대한 감독·규제의 법규를 제정해 주택 각각의 불량화를 방지하는 데 그치지 않고" 보다 적극적으로 "중하층계급을 위해 낮은 가격으로 그러면서도 양질의 주택을 풍부하게 제공"하고 그에 더해 주택의 주변 환경도 개선할 필요성을 강조했다.[67] 그렇기 때

---

64) 關一, 『工業政策上』, 東京: 寶文館, 1913, 6~22쪽 참조.
65) 關一, 『勞働者保護法論』, 東京: 隆文館, 1910, 6~7쪽.
66) 大阪市都市住宅史編集委員會 編, 『まちに住まう 大阪都市住宅史』, 東京: 平凡社, 1989, 306~308쪽.
67) 關一, 『住宅問題と都市計畫』, 111~121쪽.

문에 세키는 새로운 주택지를 계획적으로 만들어 내어 도심 주변의
밀집 주거상태를 해소하는 것이 주택개량의 기초여야 한다고 생각했
고, 바로 이를 도시계획의 목적으로 제시했다. 즉 그는 도시계획의 목
적을 "우리가 사는 도시를 '살기 좋은 도시(住み心地よき都市)'라고 부
르게 하는 바"에 있다고 하고,[68] 이것은 "도시 중하층계급의 … 주거
의 폐해를 제거해 건전한 도시공동생활의 근저를 만드는 것"이라 하
였다.[69] 한 마디로 세키는 도시계획을 주택개량을 위한 '주택정책의
기초'로 설정했던 것이다. 이는 제국 일본의 사회와 국가의 발전을 위
태롭게 하는 각종 불온사상을 막는 방책이기도 했다. "현재 대도시가
… 건물의 집적지(集積地)가 되고 말아서 도저히 사람이 살 수 있는
곳이 아니다. … 위험사상도 이곳에서 양성(釀成)되는 것이다."[70] 세
키는 위험사상의 확대나 계급적 모순의 격화를 막는 가장 유효한 수
단은 강권적 억압을 강화하거나 "공연한 소동"을 피우는 것이 아니라
노동자계급의 생활조건을 현실적으로 개선하는 데 있다고 생각한 것
이다.

이상에서 보았듯이 세키 하지메의 도시관은 기본적으로 제국 일본
의 경제발전에 필수적인 전제로 도시를 설정해 두는 것이며, 이 경제
의 원활한 발전에 장애로 작용하는 도시문제의 발생을 해결하기 위해
여러 도시정책론을 펴고 직접 시정에 참여하여 각종 도시정책을 시행
한 것이다. 이런 도시관 속에서 도시계획은 세키의 전체 도시정책의
중요한 일환이며, 세키가 도시문제의 해결을 위해 가장 힘을 기울인

---

68) 위의 책, 2쪽.
69) 위의 책, 120~121쪽.
70) 關一, 「都市の綠化」(원래 『大大阪』 4-1, 1928에 게재), 『都市政策の理論と實際』,
    1936, 152쪽.

부분이기도 했다. 이런 점에서 그의 도시계획관은 이론적인 차원을 넘어 현실적이고 실천적인 요소들을 담고 있다.

일반적으로 세키 하지메의 도시계획관은, 앞에서 잠시 언급했듯이, '살기 좋은 도시(住み心地よき都市)' 만들기라고 하고 있다.[71] 실제로 세키 하지메는 여러 곳에서 장래의 도시계획은 "살기 좋은 도시를 건설하는 것을 주안점으로 삼아야 한다"고 강조했다.[72] 이것은 그가 도시계획을 주택 문제의 해결로 바라보고 있는 것으로 해석된다. 하지만 세키는 「도시계획론」에서 "주거문제가 도시계획의 중요한 계수(係數)"이지만, "도시계획의 본체(本體)는 아니다"라고 하고 있다.[73] 흔히 세키의 도시계획론을 거론할 때 텍스트로 삼는 『주택문제와 도시계획』에서는 주택문제의 해결을 중심으로 도시계획을 논하고 있지만, 실제로 그의 도시계획에 대한 시각은 훨씬 더 큰 틀 속에서 나오며, 주택문제 해결은 그 틀 속에서 당시 일본과 오사카의 현실적 문제 해결을 위한 실용적 측면에서 나온 것이었다.

세키는 도시계획을 1919년 도시계획법 1조에 근거해 "교통, 위생, 보안, 경제 등에 관해 영구히 공공의 안녕을 유지하고 혹은 복리를 증진시키기 위한 중요 시설의 계획에 대해 시의 구역 내에서 혹은 그 구역 밖에 걸쳐서 시행할 수 있는 것"이라 하면서, 이를 "목적의 관점에서 보면" "오류정정(誤謬訂正)의 계획"과 "미개지개발(未開地開發)의 계획"이라는 두 가지로 나누고 있다.[74] 그는 영국을 제외한 대부분의

---

[71] 芝村篤樹, 앞의 책, 59쪽; 大阪市都市住宅史編集委員會 編, 앞의 책, 318~319쪽.
[72] 關一, 「都市計畫に關する新立法」(원래 『大大阪』2-4, 1926에 게재), 『都市政策の理論と實際』, 1936, 127쪽. 앞서 인용했듯이, 『住宅問題と都市計畫』, 2쪽에서도 도시계획의 목적이 "살기 좋은 도시"를 만드는 데 있다고 하였다.
[73] 關一, 「都市計畫論」, 113쪽.
[74] 위의 글, 102쪽.

나라의 도시계획은 전자의 것이며, 일본의 경우도 '시구개정(市區改正)'이란 말 속에서 이런 오류정정의 의미를 내포하고 있다고 한다. 여기서 전자는 "치료(治療)"이며 후자는 "예방(豫防)"이기에, "우리는 병에 걸려서 그 무서움을 깨닫는 것이 먼저이고, 그 다음에 병에 걸리지 않으려고 조심하는 모양으로 되기 때문에, 우선 오류정정의 도시계획이 나타났고 다음으로 미개지개발의 계획이 나타났다."[75]

세키는 영국의 전원도시론이 도시계획의 "신사조(新思潮)"로서 여러 나라의 도시계획에 영향을 주고 있지만, 이런 "예방"적 계획을 일본이 받아들이기는 어렵다고 한다. 일본은 "현재 병에 걸려 있는데도 그 치료를 게을리 하고 예방만 하는 것은 사려 깊지 못한 것만이 아니라, 오늘날 일본의 대도시는 건축기술 면에서 보면 유치해서 … 만약 그 개조를 행하지 않으면 영구히 개조가 불가능"하기 때문이다.[76] 그래서 일본에서는 "현재 도시계획의 이상이 가로본위(街路本位)의 미관주의(美觀主義), 집권주의(集權主義)…에서 주택본위(住宅本位)의 실용주의(實用主義), 분산주의(分散主義)"로 이행하고 있음을 인정하여, "우리나라의 미개지개발의 계획은 이 신경향에 의거해서 위성도시(衛星都市), 전원교외(田園郊外)의 이상을 받아들여야 한다"고 주장한다.[77] 즉 실용적 측면에서 "예방"보다는 "치료"를 택하는 데, 그 "치료"의 목적으로 전원도시론의 일부 측면을 받아들여 위성도시와 전원교외 건설을 주장한 것이다. 세키는 도시계획의 중심 문제를 아래와 같이 논한다.

---

75) 위의 글, 103쪽.
76) 위의 글, 104쪽.
77) 위의 글, 123쪽. 세키의 위성도시론은, 關一, 『住宅問題と都市計畫』, 106~107쪽 참조.

…가장 중요한 사항은 도시의 구역 내에 포함되는 토지와 아울러 그 경제권 내에 포함될 수 있는 토지를 장래 어떠한 용도로 내놓아야 할지를 예정(豫定)하는 것이다. 우리나라에서는 종래 시구개정이나 도시계획이라 말하면 가로의 신설확충, 궤도(軌道)의 부설, 운하의 개통 등을 가리키는 것으로 오해하고 프랑스 방식의 구식(舊式)으로 덮어버리곤 했다. 따라서 용도지역(用途地域)의 규정이 있고 건축물법(建築物法)이 있어도 그다지 중요시되지 않는 모양새이다. 도시계획과 도시구축(都市構築)(築造)은 별개의 것이다. 이 양자를 혼동하기 때문에 도시계획을 공적 시설만으로 해석하는 오류를 야기하기 쉽다. 도시계획은 공적 시설인 가로, 공원, 공관(公館)의 시설만이 아니라 개인이 사유지(私有地)를 어떻게 사용하는가도 통제하는 것이며, 경우에 따라 이쪽이 오히려 중요하다. 원래 "도시는 필경 가로에 의거해 연결되는 건축물의 집단"이라 보아도 무방하다. 시민이 활동하고 주거할 수 있는 건축물이 주(主)이고 이를 연결하는 도로는 종(從)이다. 만약 주종을 구별한다면, 가로와 건축은 차의 두 바퀴와 같은 관계라 해도 좋다. 그런데 가로는 주로 공공단체(公共團體)의 시설이기에 도시계획이라는 것은 가로의 축조를 가리키는 것처럼 생각되기에 이르렀지만, 실은 도시계획의 주된 문제는 토지가 건축에 사용되는가, 교통 용지로 사용되는가, 자유공지(自由空地)로 영구히 보존되는가여야 한다. 시의 각 부분을 어떠한 목적으로 사용할 것인가를 정하고 이에 맞는 대소가로의 배치에서 노면(路面)의 구조까지도 결정할 수 있는 것으로, 용도지역의 예정이 도시계획의 최대문제이다.[78]

세키의 도시계획관의 핵심이 담겨있기에 좀 길게 인용한 위의 글에서 보듯이, 세키에게 도시계획은 무엇보다 공적 시설의 건설만이 아니라 사유지에 대한 통제를 통한 용도의 지정이고, 그 적용 범위는 시역 외에 도시의 영향권 안에 있는 교외지역까지 포괄하였다. 또한 "자유공지"라는 개념을 통해 녹지의 확보 역시 이 속에 포함되었다. 그래서 "보건·위생"과 "범죄통제·사회교화"의 측면에서 자유공지라는 녹

---

78) 위의 글, 113~114쪽.

지대의 확보와 건축지역 지정을 핵심적인 사항으로 들고 있다.[79] 특히 세키는 '자유공지'의 확보를 중시하는데, "우리가 살 수 있는 도시를 건설하는 첫 번째 조건은 어떻게 하여 녹색지대를 보유할 수 있는가이다. 자유공지는 건물이 없는 잔존물(殘存物)이 아니다. 있어도 좋고 없어도 좋은 고양이의 꼬리(猫の尻尾)가 아니다. 시민생활의 첫째가는 요건"이라고 하고 있다.[80] 세키는 이 두 가지 사항을 가능케 하면서 그만큼 "도시의 장래의 건전한 발달"에 중요한 또 다른 두 가지로 법적인 측면에서 토지구획정리제도(土地區劃整理制度)와 초과수용제도(超過收用制度)의 확보를 들고 있다.[81]

세 번째로 살펴볼 것은 이케다 히로시의 도시 및 도시계획관이다. 이케다 히로시는 도시의 존재와 가치를 기본적으로 당위(當爲)로서 받아들였다. 이런 인식은 그의 모든 논의의 출발점이며 전제조건이라 할 수 있다.

> 도시를 이루는 것은 인성(人性)의 자연(自然)에 기초한 것이기에, 인력(人力)으로써 어찌할 도리가 없으며, 그 대세(大勢)에 저항한다든지 하는 것은 완전히 헛수고로 끝나고 말 운명….[82]

또한 그는 "역사가 보여주다시피 도시는 수 면에서, 양 면에서, 질 면에서 점점 더 비상(非常)하게 발전해온 것이다. 영구히 생겨날 조직

---

[79] 위의 글, 115~116쪽.
[80] 關一, 「都市の綠化」, 151쪽. 자유공지는 주로 새로운 교외주거단지, 즉 위성도시와 구도심 사이에 위치한다. 세키의 이런 논의 때문에 오늘날에도 세키의 도시정책은 유효성을 가진다. 물론 그런 유효성의 인정 과정에서 제국일본의 경제 발전이라는 전제는 생략하기 일쑤이다.
[81] 關一, 「都市計畵論」, 120~122쪽.
[82] 池田宏, 『都市計畵法制要論』, 10쪽.

이다"[83]고 하여 도시를 유기체에 빗대고 있다. 이 유기체는 끊임없이 성장하며 그 성장을 멈추지 않는다. 런던·파리·베를린은 물론이고 "여타의 도시에서 예를 찾아도 **20년 내지 25년 동안에 인구가 배로 늘어나는 데 이르는 것은 보통 도시의 평균**이며",[84] 일본의 대소도시에서도 마찬가지이다. "어떤 도시를 들고 와도, 또 우리나라의 어떤 도시를 보아도 비상하게 급격한 발전을 하고 있다는 것은 **근세도시의 특징이다**".[85]

그런데 이렇게 발전하는 도시를 그대로 방치한다면, 그곳에서는 주택, 과밀, 위생문제, 노동, 치안 등 갖가지 도시문제가 발생한다. 이런 도시문제 때문에 "결국 도시의 앞날은 참으로 비관적일 수밖에 없다고까지 말하게 되고, 아니면 도시가 되는 것은 농민의 무덤이라고까지 하는 것"이다.[86] 특히 이 점은 대도시에서 두드러지게 나타나, 도시는 마치 하나의 "유기체"처럼 인위적인 경계선인 시역(市域)을 무시하고 성장해 나간다. "그 모습이 마치 문어의 발이 뻗어 가듯이 늘어나는 것이 도시발전의 추세이다."[87]

이상에서도 알 수 있듯이, 이케다는 도시화 현상과 그 문제성에 대해 역사적 필연이라는 식으로만 설명하고 있으며 도시 그 자체에 대해 특별한 견해를 밝히고 있지는 않다, 특히 그가 주로 관심을 보이는 대도시에 대해서도 세키와 같이 국가경제의 일환이라든지 하는 별개의 적극적 의의를 부여하고 있지 않다. 그저 역사적 필연으로서 특별한 의미를 부여하지 않아도 존재를 인정할 수밖에 없는 것으로 도시를

---

83) 池田宏, 『現代都市の要求』, 23쪽.
84) 위의 책, 10쪽. 강조는 원저자의 것이다.
85) 위의 책, 11쪽. 강조는 원저자의 것이다.
86) 위의 책, 23쪽.
87) 위의 책, 38쪽.

본다.

이러한 이케다의 생각은 무엇보다 서구 '선진국'에 대한 정보에서 나온 것이다. 1913년의 서구시찰을 통해 이케다는 일본의 도시 문제도 서구의 추세에 따라 점차 심각해 질 것임을 자각했다고 한다. '선진국'의 사례로서 "세계의 추세"를 알고, 그것이 조만간 '후발국 일본'에도 몰려올 것을 예상하여 미리 대책을 세워 둔다는 이러한 발상은 당시의 '개명적(開明的)'인 내무관료에게 공통적인 자세였다.[88]

두 번째로 이케다의 생각에 영향을 준 것은 당시 도쿄시의 상황이다. 당시 도쿄 시역의 서쪽 끝은 현재의 야마테선(山水線) 약간 안쪽에 머물러 있었고, 다음과 같은 상황이었다.

> 시부야센다카야(澁谷千駄ケ谷)시(=도쿄시)를 圍繞하는 町村은 사실상 도쿄시이다. 此等의 町村은 도쿄시와 사이에 서로 긴밀한 관계를 맺고 있기에 하나의 도시를 이룬다는 견해가 많았다.[89]

이런 상황 하에서 대도시문제의 해결을 위해서는 그 교외의 정촌(町村)을 포함한 광역 수준에서의 도시계획을 입안해야 할 필요가 있다는 인식을 이케다는 가지게 되었다. 그리고 현실의 도시가 시정촌(市町村)이라는 행정구역을 넘어서 유기적으로 성장해 가는 것인 이상 도시계획의 대상이 되는 지역을 행정구역 기준으로 파악해서는 안 된다고 인식하였다. 나중에 이케다가 기초한 도시계획법이 행정구역을 넘어서 '도시계획구역'을 지정할 수 있게 하고 도시계획의 의결기관으로서 국가(國)·부현(府縣)·시 등의 대표자로 이루어진 '도시계획

---

88) 渡辺俊一, 앞의 책, 178쪽.
89) 池田宏, 『都市計畵法制要論』, 49~50쪽.

위원회'를 설치한 것은 이 때문이었다.

이것은 이케다가 이런 도시관에 입각한 결과 "국가개입(國家介入)"을 통한 도시계획을 처음부터 의도했음을 보여준다. 메이지 시기의 시구개정 이래 국가는 언제나 도시계획에 개입해 왔으며, 이는 도시정책은 개별 도시의 것이 아니라 국가의 관심사라는 당시 중앙정부 관료들의 사고와도 들어맞았다. 그래서 1919년 도시계획법에서 도시계획은 기본적으로 '국가에 의한 대도시계획'으로서 출발하였다. 그이후 여러 차례의 법 개정을 통해 도시계획의 적용범위는 점차 확대되었지만, 국가가 시정촌의 계획 내용에 세세한 부분까지 개입하는 상황은 전후까지 계속 이어지게 되었다.

도시화와 도시문제가 필연이라고 하는 이케다의 시각에서 보자면, 도시문제를 제거하기 위해 공적인 개입이 필요하다는 것은 너무나도 자명했다. 그리고 그는 이런 인식에 입각해 "도시는 경영체이다"라고 하는 시각으로 나아갔다. 명치 말기 내무성 지방국을 중심으로 전개된 '지방개량운동(地方改良運動)'은 일종의 농촌문제에 대한 대책으로서 거기서의 농촌은 '시설'이라고 하기보다는 '사람', 즉 농민을 의미하고 있었다. 이와는 대조적으로 이케다는 도시를 사람이 아니라 시설로서 물질적으로 본다. 도시주민의 생활 및 의식 개선보다도 공공 시설·서비스의 합리적·효율적 공급에 우선적으로 중점을 두었던 것이다.

이와 같은 이케다의 시각은 그의 지방국·토목국에서의 실무 경험을 통해서 얻은 것이겠지만, 보다 본질적으로는 당시의 "시대의 요청"에 따른 것이라고 봐야 할 것이다. 제1차세계대전을 계기로 도쿄를 비롯한 일본의 대도시에는 급격한 인구·산업의 집중이 진행되었고, 그와 함께 전기·가스·수도·시전(市電) 등의 공공시설·서비스에 대한 수요가 급증하였다. 거기에 이런 급격한 도시화와 인구 팽창의 결과로 발생한 쌀소동(米騷動)으로 대표되는 사회불안에 대한 대책으로서도 각종의 시설·서비스가 필요했다. 그런데도 당시의 도쿄를 비롯한 일본의 여러 시 당국은 재정적으로나 행정 능력 면에서 이를 해결할 수가 없었고, 이에 도시의 합리적인 경영 필요성이 강하게 대두된 것이다.

이케다는 바로 이런 도시경영의 유력한 수단으로서 '도시계획'을 상정하였다. 분명 각종의 시설 정비의 기준이 되는 도시계획 외에도 사회정책·사상선도(思想善導)·위생행정 등 도시경영의 수단은 여러 가지가 존재했다. 그러나 이케다에게 도시계획은 **"여러 가지 시설사항의 기초를 위한"**[90] 것으로, 도시경영의 가장 유력한 수단으로 여겨졌다. 그 결과는 어떤 시설이든 도시계획의 대상으로 삼을 수 있다고 하는 1919년 도시계획법의 규정에 반영되어 있다.

이케다에게 도시경영의 '합리성'은 '장기적 합리성'을 의미하고 있다. 즉, 도시발전을 "자연의 흐름에 맡기는 것 외에 하등의 계획도" 세우지 않으면, "현대도시가 받는 사회상, 경제상의 손실, 시민이 받는 일상 생활상의 손실 및 고통은 도저히 구제할 수 없을 뿐 아니라 이런 손실 고통은 해가 가면서 더욱 가중되어" 갈 것이며, 이를 방지하기 위해서는, "무슨 일이 있어도 20년, 30년, 혹은 50년 정도의 발달 여하(如何)를 고려해 우선은 적어도 그에 대응하는 정도의 계획을 세우지 않으면" 안 된다고 여기고 있는 것이다.[91]

그런데 이와 같은 '합리적 경영'은 누구를 위한 것인가. 이에 대해 이케다는 "시민 전체를 위한" 것이라고 답한다. 그리고 이런 '전체성(全體性)'의 근거로서 도시생활의 '공동성(共同性)'이 강조되고 개인적

---

90) 池田宏, 『現代都市の要求』, 26쪽. 강조는 원저자의 것이다.
91) 위의 책, 42~43쪽.

자유보다는 전체적 이익이 우선되어야 한다고 설명한다.

> 물론 개인의 이익은 존중되어야 하고 개인의 자유는 신장시키려고 노력하지 않으면 안 되지만, 그 도시 전체의 이익과 상반되는 듯한 경우에는 개인의 이해는 차라리 희생을 제공함을 가리지 않는 정도의 절제(節制)있는 사상이 필요한 것이다.[92]

여기서 개인·전체 간의 이해의 확인과 그 조정은 관료에 의해 수행된다. "주민참가(住民參加)"라고 하는 아래로부터의 이해의 반영과 상호조정이 아니라, 어디까지나 위로부터의 조정이다. 이를 통해 이케다는 "전체적 이해"를 출발점으로 한 관치주의(官治主義)를 제시하고 있으며 이것이 1919년 도시계획법에 그대로 반영되어 있다.

도시계획법은 충분한 전문적 지식을 가지고 전체적·장기적인 관점에서 "공평무사하게" 판단을 내릴 수 있는 내무관료가 행하는 것이다. 도시계획은 단기적으로 사리사욕에 따라 요동치는 정치적 과정이 아니라 중립적·기술적인 행정 과정으로 정착되어야 한다는 것이 그의 견해였다. 이와 같은 '비정치화 테제'는 명치 이래 내무성이 가지고 있던 '목민관(牧民官)' 이데올로기를 표현하고 있으며, 당시의 테라우치(寺內)정권과 이케다가 추종한 고토 신페이의 사고방식에도 가까웠다. '비정치화'는 또한 묘하게도 영국과 미국의 근대도시계획의 중심 테마이기도 했다. 그러나 영국과 미국에서는 '비정치화'의 모토가 실은 신흥중산계급이 기존 지배층에게서 권력을 탈취하기 위한 도구로 내세운 것이었다. 즉 '비정치화'의 구호는 실제로는 극히 정치적인 것이었다. 이와는 대조적으로 이케다가 제시하는 그것은 정치적 지지세

력을 결여한 공허한 관념이라고 보아야 할 것이다.

이케다가 도시계획을 비정치적 과정으로 전제하기에, 그(와 고토)의 계획들은, 주지하다시피 재정 문제에 부딪혀 허덕이게 된다. 이에 대한 그의 대응은 엉뚱하게도 시민의 정신에 호소하는 것으로 나타났다. 즉 '공동체'로서의 도시의 생활을 뒷받침하기 위해서는 "구구한 개인의 자유 혹은 개인의 이해관계와 같은 것을 제멋대로 주장하는 일을 그치고 도시 전체를 위해서는 스스로 나서서 희생하며 나아간다고 하는 이른바 공공의 정신이 충분히 시민에게 철저"할 필요가 있다고 주장한다.[93]

도시계획을 둘러싼 현실의 상황은 원래 여러 개인의 이해관계가 부딪히는 지극히 어려운 상황이다. 그러한 상황 속에서 이케다는 그것을 직시해 정면으로 해결하려 하기보다는 그와는 무관한 시민의 공공심(公共心)·희생심에 호소하고 있다. 이런 "유교적(儒敎的)"이라고도 할 수 있고 이상주의적이라고도 할 수 있는 자세는 그의 아버지 이케다 츄이치(忠一)에게서 영향 받은 것이라고 한다. 그래서 이케다 히로시에 대한 다카요세 쇼조(高寄昇三)의 "화혼양재(和魂洋才)의 목민관"이라는 평가는 적절한 것 같다.[94]

마지막으로 가타오카 야스시의 도시 및 도시계획관을 살펴보자. 가타오카 야스시는 앞서도 얘기했듯이, 4명 중 유일하게 현장에서 활동한 민간인 건축가로서 특히 오사카 도시계획의 입안과 실행에 관여했다. 1916년 그가 본격적으로 도시계획에 눈을 돌리고 연구를 시작하기 전 이미 10여 년간 당대 최고의 건축가였던 다츠노 긴고(辰野金吾)와 공동으로 건축사무소를 운영하며 건축 실무를 수행하였다. 이런

---

93) 위의 책, 85쪽.
94) 高寄昇三, 『都市經營思想の系譜』, 東京: 勁草書房, 1990, 340쪽.

입장 때문인지 그가 남긴 글들에서 도시에 대한 근원적인 탐색에 해당하는 표현은 찾기 힘들며, 주로 현실적인 도시와 도시계획에 대한 시야만을 파악할 수 있다.

그가 염두에 두는 도시상에는 기본적으로 자신이 활동하고 자신이 가장 관심을 기울이는 당대 일본 최고의 상공업 도시 오사카가 자리하고 있었다. 가타오카가 볼 때, "도시계획의 가장 긴급하고 가장 적극성을 요하는 도시는 상공업이 가장 번성한 도시"[95]이며, 그것은 다름 아닌 오사카와 특히 그 도심부였다. 오사카라는 도시의 장래에 건축은 어떤 역할을 할 것인가가 가타오카 스스로가 제시한 문제의식이었다. 이런 문제에 대해 그는 "근대의 경제 편중주의, 도시집중주의 등의 경향에 처해서 견실한 최근식(最近式)의 건축은 모든 업무의 중핵을 이룬다"라고 인식하면서 "견실한 진정성 있는 건축(眞正の建築)을 통해 도시의 중핵을 형성하는 것"에 그 답이 있다고 본다.[96]

이 "진정성 있는 건축"을 위해 그는 "공관(公館, public building)"이 가장 중요하다고 생각하며, 이 공관에는 호텔이나 오피스 빌딩 등도 포함하고 있다.[97] 이런 것들이 "도시 중추의 주요한 건축"이라고 보는데, 이러한 건축물에 하수도 등의 근대적 설비를 설치하고 중층의 내화내진구조로 도시 중심부·간선도로 연변에 건축을 시행하는 것, 이것이 가타오카가 이상으로 삼은 도시상이었다.[98] 특히 이런 도시 중심부의 호텔, 오피스 빌딩이 밀집한 건축물의 집적의 상은 뉴욕의 이

---

[95] 都市研究生, 「建築學會大會に於ける都市計畵講演會所感」, 『關西建築協會雜誌』 1-7, 1918, 73쪽. 渡辺俊一, 앞의 책, 121쪽에서 재인용.

[96] 片岡安, 「同窓建築技術家に告ぐ」, 『建築雜誌』 31, 1917, 226쪽; 위의 책, 121쪽에서 재인용.

[97] 片岡安, 『現代都市之研究』, 東京: 建築工藝協會, 1916, 229쪽.

[98] 渡辺俊一, 앞의 책, 121쪽 참조.

미지에 기초한 것이며 이를 오사카에 실현하고자 하는 것이 그의 생각이었다.

여기서 가타오카가 다른 3명과 다른 특이점을 볼 수 있는데, 가타오카의 주 관심사는 일본이 맞고 있는 공업화의 시대에 필요한 서비스산업과 그것이 배치된 도심부에 두어져 있었고, 따라서 당시 도시문제의 해결을 위해 다른 도시계획가들이 관심을 기울이던 시역 확대 및 교외주택 건설 등, 근대도시계획의 주된 테마였던 시가지의 총체적 컨트롤은 크게 관심을 두지 않았다.

가타오카는 실제 건축규정과 실무적 차원의 건축 행정 규칙과 관련해 다양한 제안을 하고, 예컨대 규제기준과 기술기준 개념을 구별하고 후자에 대해서는 건축 전문가에게 일임한다는 현대적인 발상도 제시하였다. 또 '건축 고도, 건폐율, 방화구조'를 건축법규의 3대 요소로 명확히 하는 역할도 수행하였다.[99]

하지만 이런 모든 가타오카의 제안과 실천에는 사실상 근대도시계획의 핵심이라 할 수 있는 '토지이용'에 대한 접근이 보이지 않는다. 가타오카는 도시계획을 기본적으로 가로계획(街路計畵)으로 보고 있으며, 가로야말로 상공업도시의 번영을 뒷받침하기 위한 교통 상 가장 중요한 시설이라고 생각한다. "가로계통(街路系統)은 [도시의] 기본 골격에 해당한다."[100] 가로는 그가 가장 중시하는 건축규준의 근거이며 따라서 "도시건축의 발달을 기대하기에 앞서 기존 가로의 계획을 영구적으로 확립하는 것이야말로 현 시점에서 급선무"였다. 이렇게 가타오카는 가로를 중심으로 해서 '건축'과 '도시'를 "일원적(一元的)"

99) 片岡安, 『現代都市之硏究』, 345쪽.
100) 都市硏究生, 「都市計畵と市區改正」, 『關西建築協會雜誌』 1-6, 1918, 59쪽; 渡辺俊一, 앞의 책, 123쪽에서 재인용.

으로 연결시켰다. 즉 가타오카가 지향한 것은 시구개정의 근대적 도시계획으로의 전환이 아니라 메이지 시대 이래 계속되어 온 시구개정의 맹점을 보완해 이를 완성하는 것이었다. 그래서 그는 도시계획을 "도시의 과학적 합리(科學的 合理)의 개조계획"이라고 정의한다.[101]

결국 가타오카 야스시는 일본 근대도시계획에서 "최대의 공로자"라는 평을 들었음에도, 실제로는 근대도시계획의 핵심적인 사용인 용도지역제를 통한 토지이용규제나 도심지 문제 해결을 위한 교외지구 개발 및 위성도시 문제 등에 대해 전혀 관심을 기울이지 않았다. 그가 이 문제들에 대해 몰랐던 것은 아니었지만(그는 넬슨 루이스의 '도시계획'에 기초해 있었다), 그는 건축가로서 기본적으로 도심지 건축물 정리 및 규제, 그리고 그에 입각한 정리된 도심지 가로 정비에 주된 관심을 두고 있었다.

4. 나오며

이상에서 19세기 말과 20세기 초, 즉 제국일본 시기 근대도시계획이 형성되는 과정에 서구 근대도시계획이 영향을 미치는 과정을 '매체', 즉 사람과 경험, 지식에 초점을 맞추어 유형화해서 살펴보았고, 아울러 이 시기의 주요 도시계획가 4인의 도시 및 도시계획관을 통해 일본의 근대도시계획 형성시기의 도시사상을 검토해 보았다.

먼저 서구 근대도시계획이 미친 영향과 관련해, 일본정부에 고용되어 일본 시가지의 근대적 변모에 직접 참여해서 영향을 미친 외국인

---

101) 都市研究生, 「都市計畵と市區改正」, 58쪽; 위의 책, 123쪽에서 재인용.

의 사례들과 일본의 서구 견문단이 지녔던 서구 가로나 시가지에 대한 경험이 일본의 시가지 개조작업에 미친 영향, 그리고 여러 가지 경로를 통해 전달되는 서구의 도시계획 관련 지식이 궁극적으로 일본의 도시계획 및 건축 관련 법으로 법제화되어 나타난 것 등을 밝혀 보았다. 사실 이런 유형화는 본문의 내용 속에서 나타나듯이 서로 중첩되는 것이기도 하다. 긴자벽돌거리 조성이나 히비야 관청집중 계획 같은 것들은 외국인이 직접 참여한 것이기도 하지만 그 동기부여는 사실 일본 견문단의 서구 경험에서 비롯된 것이다. 또 지식의 전달에서 중요시되는 외국 유학은 동시에 외국 도시에 대한 경험이기도 하다. 도시연구를 위해 외국에 유학한 사람이 그 나라의 도시에 대한 경험을 중요시하는 것은 당연할 것이다. 이런 식으로 이런 유형들은 갖가지 사례에서 중첩적으로 작용하고 다양하게 영향을 미친다고 할 수 있다. 그럼에도 유형화를 시도한 것은 서구 근대도시계획이 일본 근대도시계획에, 나아가 이를 통해 아시아의 근대도시에 미치는 영향을 좀 더 명확하게 파악하고자 하는 시도였다.

하지만 이런 조사과정에서 알 수 있었던 것은 또한 이런 세 가지 유형화가 동시에 시간적인 흐름도 갖고 있다는 점이다. 즉 전체적으로 볼 때 일본이 메이지유신을 통해 적극적인 서구화를 꾀한 초기 국면에서는 외국인의 직접 참여나 일본 견문단의 서구에 대한 직접 경험이 주요한 영향을 미치고 있지만, 시간이 가면서 점차 지식의 형태로 전달되는 서구 근대도시계획의 여러 정보가 더 큰 영향을 미치게 되었던 것이다. 좀 단순화 한다면, 서구 근대도시계획의 영향의 유형화인 사람과 경험, 지식은 시간적인 면에서 보면 사람과 경험→지식으로 진행되었다고 할 수 있는 것이다.

한편 일본의 근대도시계획 형성기에 활동한 4대 도시계획가들의 출신과 경력, 그리고 그들의 도시 및 도시계획관을 비교해 보았다. 위에서 제시한 〈표 2-2〉에서 보이듯이 이 네 사람은 모두 막부 말기에서 메이지 초기에 출생하였으며 메이지 유신기에 일본의 근대국가화에 필수적인 '동량(棟梁)'으로 성장하였다. 특히 주목되는 것은 이 네 사람이 몸담은 분야로 의학, 경제학, 법학, 건축학이라는 근대 국가 구성의 기본 인프라를 제공하는 중심 요소들로 이루어진 점이다. 이러한 핵심 분야들에서 성장한 네 사람이 모두 일본 근대도시계획 형성의 중심인물로 활동했고 오늘날까지 일본 도시들이 가진 기본 축을 이루었다는 것은 일본 근대 도시의 기본 특성만이 아니라 일본에서 구현되는 근대성에 대한 기본적 이해의 기초가 될 수 있다. 이들 모두가 서구로부터 깊은 영향을 받았고 그 영향에 기초하여 도시계획에 대한 시각과 틀을 제시하고 있음 역시 마찬가지일 것이다.

그러면 이들 네 사람의 도시관 및 도시계획관을 비교해 보자. 이들의 도시관과 도시계획관은 세부적인 면에서 차이가 있는 듯이 보이지만, 전체적으로 볼 때 국가를 중심에 두고 도시를 생각한다는 점에서 공통적이며, 그런 점에서 도시계획 역시 이런 국가 중심의 도시에서 발생한 문제점을 해결한다는 시각에서 접근하고 있다. 그래서 인프라를 중시하고 실용적이고 합리적인 경영을 전제로 한 도시계획을 생각하며 이런 도시계획의 실현은 다름 아닌 제국 일본의 근대성을 적확하게 구현하는 도시의 실현으로 나타난다고 할 수 있다. 물론 이들 중 순전한 건축가적 마인드로 접근하는 가타오카 야스시에게서는 그런 국가주의적 속성이 그다지 드러나지 않는다고도 할 수 있지만, 어쩌면 이렇게 자기 분야에만 완전히 매몰하는 모습 또한 제국 일본 형성에서 한 분야를 차지하는 전문가들에게 요구된 기본 '덕목'이지 않았을까 하는 생각이 든다. 이러한 내용을 표로 작성하면 아래와 같다.

표 2-3 4대 도시계획가들의 도시관 및 도시계획관

	고토 신페이 (後藤新平)	세키 하지메 (關一)	이케다 히로시 (池田宏)	가타오카 야스시 (片岡安)
도시관	-생물학적 도시관 (유기체적 도시론)	-국가 경제 중시의 도시관 (부국강병, 공업입 국)	-필연으로서의 도시관 (도시화와 도시 문제는 필연, 국가에 의한 대도시계획)	-상공업이 번성 하는 도시 (오사카에 대한 뉴욕 도시 이미지 반영)
도시 계획관	-인프라 중심의 도시계획관 (정부는 인프라 정비, 도시민은 생활공간 조성)	-실용적 도시계획 관 (현실적이고 실천 적인 계획)	-합리적 경영과 전 체의 이익을 위한 도시계획관 (공공시설, 서비스 의 합리적·효율 적 공급, 계획실 현에서 관료의 주도성)	-견실한 진정성 있는 건축을 통해 도시의 중핵을 형성 (건축고도, 건폐율, 방화구조 규제)
도시계획 참여	-히비야 관청집중 계획 -도쿄 시구개정사 업 -대만 도시계획 -대련, 봉천, 장춘 등 도시계획 -8억엔 계획 -제도부흥계획	-오사카 도시계획 -도시계획법 마련 을 위한 입법 활 동 -도쿄 시구개정의 타도시 적용을 위한 입법 활동 -오사카 시역확대 -공공주택사업 -미도스지 가로 건설 등	-도시계획법 및 시가지건축물법 기초 -8억 엔 계획 -상하이 신도시 건설 계획	-오사카 도시계획

이상의 비교에서 부족한 점은 이들의 도시관 및 도시계획관 비교가 제국 일본 형성과 맺는 관계 부분일 것이다. 무엇보다 이 부분은 이들의 도시 자치관과 제국관에 대한 비교를 통해 이루어질 것인데, 특이한 것은 이들 네 사람의 글 모두에서 제국관에 대한 피력이 그다지 보이지 않는다는 점이다. 물론 고토 신페이는 대만과 만주의 식민지 관료로 활동한 이력 속에 그 제국관이 나타난다고 할 수 있지만, 실제

그가 남긴 글들 속에서 제국관을 뚜렷이 피력한 글은 그리 찾기 쉽지
않다. 나머지 세 명 중 이케다 히로시는 사망 직전에 일본의 파시즘화
에 적극 찬동하면서 제국주의적 대외진출에 직접 참여하는 모습을 보
인다. 특히 그의 『현대도시의 요구』에는 한 장을 할애하여 제국관을
비교적 뚜렷하게 보이고 있다. 하지만 전반적으로 보아서는 이들이
메이지 시기부터 다이쇼 시기까지 전전(戰前) 제국 일본의 형성과 전
개과정에 중심적으로 참여함에도 제국관에 대한 보다 뚜렷한 제시가
보이지 않는 것은 주목할 만하다. 즉 제국관이 보이지 않는 것이 이들
의 속성을 드러내는 것이며 이들이 제국 일본에서 차지하는 위치를
보여주는 것이 아닌가 한다.

이상의 사항들을 염두에 두면서 우리는 이것을 일본과 식민지 간의
관계에도 확대해서 생각해 보려는 시도를 해볼 수 있다. 일본이 서구
의 근대도시계획과 가졌던 관계는 어쩌면 이후 일본과 식민지의 도시
를 둘러싼 관계에서 그대로 또는 변형된 형태로 재현되었다고 보는
것이 옳을 것이다. 그런 점에서 식민지 조선의 근대 도시, 즉 식민지
도시 연구에서 이 과정에서 활약한 조선인 관료나 건축가 등에 대한
얼마간은 인식론적인 접근이 부재함은 아쉬운 대목이다. 일제강점기
한국인 건축가들이 겪은 식민지적 경험과 인식을 추적하고자 하는 건
축학계의 시도들[102]에 착목하면서 이러한 제국일본의 도시계획을 접
하고 수용하는, 또는 최근 연구경향에서 강조하듯이, 실험대상으로서
의 식민지도시를 경험하는 식민지 출신 건축가 및 도시계획 전문가들
의 인식 변화를 추적하는 것이 앞으로의 과제가 될 것이다.

---

102) 김소연, 「일제강점기 한국인 건축가의 식민지 경험과 의식」, 『대한건축학회논문
집 계획계』 23-6, 2007, 175~182쪽.

제3장

개항장 도시에서

제국 해항도시로

-요코하마(橫浜)의 근대 도시공간 형성-

제3장
개항장 도시에서
제국 해항도시로

-요코하마(横浜)의 근대 도시공간 형성-

1. 들어가며

이제 본격적으로 근대 일본의 대표적인 해항도시들을 유형별로 구
분하면서 하나씩 살펴보도록 하자. 이 장에서 가장 먼저 살펴볼 해항
도시는 요코하마이다. 요코하마는 마치 부산처럼 개항을 통해 건설된
도시로 그 특징이 도시의 발달 과정에 그대로 새겨져 있는 도시이다.
이 도시에 대해 살펴봄으로써 우리는 일본 근대도시가 가진 원형 중
하나를 발견할 수 있을 것이라고 기대한다.

일본의 대표적인 해항도시 중 하나인 요코하마는 일본 최초의 개항
장 중 하나로 도시 형성의 역사를 시작한 특징을 갖고 있다. 19세기
후반 미국의 페리 제독의 내항으로 인한 일본 개국 이후 조그만 촌락
에서 새로운 도시로 형성되어 간 요코하마는 일본 근대도시계획의

'선구(先驅)' 혹은 '발단(發端)'을 제시했다고 한다.[1]

　최근 한국의 근대도시사 연구에서는 그 출발선상에 있는 일제강점기 근대도시사에 대한 접근에서 일본 근대도시 발달과의 비교를 강조해 왔다.[2] 특히 19세기 말 경성, 인천, 부산 등의 도시 발달에서 일제 통치기관의 도시정책이 주도적인 역할을 했음을 감안하고 이 또한 일본 본토의 도시 발전 및 도시 정책과 연동되었음을 생각할 때 이런 접근은 한국의 근대도시 발달의 성격을 해명하는 중요한 실마리로 인식된다. 그럼에도 현재 이런 접근은 주로 경성 시가지 개조문제 등과 관련해 도쿄 시구개정과 그 전후 정도에 집중되어 있고 연구 대상 역시 도쿄가 주이고 덧붙여 오사카 정도로 한정되어 있다.[3]

　이 장은 이런 한계를 넘어서기 위해 일본 근대도시의 '발단'이라고도 하는 요코하마를 대상으로 개항시기 도시의 초기 형성과정을 도시계획적 측면에서 살펴보고자 한다. 물론 개항 시기 요코하마에 대한 연구는 일본 내에서는 비교적 활발하게 이루어졌다. 특히 요코하마 개항자료관(橫浜開港資料館)이나 요코하마 도시발전기념관(橫浜都市發展記念館) 같은 주요 공공시설을 중심으로 개항시기의 자료수집과 연구 축적이 이루어져 왔다.[4] 그렇지만 이런 일본 내의 연구는 외세

1) 塚田景, 「近代橫浜の都市形成」, 信州大學 工學博士學位論文, 2005, 17쪽; 北澤猛, 「近代の都市構想に關する考察-變遷と意圖」, 『日本の美術』 471, 2005. 8, 87쪽.
2) 김백영, 「서양의 모방과 전통의 변용: 일본 근대도시 형성과정의 이중적 경향」, 『일본연구논총』 23, 2006, 407~449쪽; 박진한 외, 『제국 일본과 식민지 조선의 근대도시 형성』, 서울: 심산, 2013.
3) 김백영, 「식민지 제국 일본의 초창기 도시계획 비교연구 - 경성과 도쿄의 시구개정에 대한 비교연구」, 서울시립대학교 도시인문학연구소편, 『도시공간의 형성원리와 도시민의 삶』, 서울: 메이데이, 2009; 박진한, 「근대도시 오사카의 도시계획론과 도시계획사업」, 박진한 외, 앞의 책, 52~80쪽.
4) 개항기 요코하마의 도시형성사에 대한 연구의 본격적 출발은 1958년부터 이루어진 『橫浜市史』(전5권, 1보권, 1색인, 11책)의 간행이었다. 특히 제2권은 요코하마

에 맞선 일본의 대응이라는 기본 관점을 유지하고 있고 장기적 전망 하에서 제국 일본의 도시형성사라는 맥락 속에 자리매김하지는 못하 는 듯하다. 한국의 근대도시형성사에서 일본이 미친 영향이 절대적인 만큼 일본 근대도시의 '선구'를 좀 더 장기적 전망 속에 위치지어 그 의미를 살피는 것은 중요하다고 생각한다.

먼저 가나가와 현의 반농반어의 한 촌인 요코하마 촌이 개항장으로 선정되는 경위를 살펴본다. 이것은 요코하마라는 도시가 개항을 통해 새로이 만들어진 도시라는 점에서 그 도시의 성격의 이해에 중요한 요소가 되는 점이다. 새로운 도시를 만들 수밖에 없었던 사정을 통해 요코하마의 출발을 이해할 수 있는 것이다. 다음으로 개항장의 건설 과정을 본격적으로 살피는데, 그 중 일본인 마을의 건설과정을 볼 것 이다. 이를 통해 요코하마 개항장 중 일본인 마을은 도시계획적 측면 에서 전통적인 일본의 거리구획(町割)의 방식을 통해 이루어졌음을 확인할 것이다. 셋째로 요코하마 외국인거류지의 건설과정을 다룰 것

개항 전후 및 경위, 개항장의 건설과정, 사회경제적 상황을 총괄하고 있어 차후 연구의 지침이 되었다. 横浜市 編,『横浜市史 第二卷』, 横浜市, 1959. 또한 1932년 에 간행되었고 1985, 1986년에 복각된『横浜市史稿』(전11책)도 개항기 요코하마 형성과정에 대한 중요 자료들을 담고 있어 연구를 촉진하는 데 기여했다. 개항기 만이 아니라 요코하마의 도시형성사 전체를 다루는 총괄서로는 横浜市企畵調整 局 編,『港町·横浜の都市形成史』, 横浜市, 1981이 있다. 한편 일본의 항도(港都) 로서 요코하마 항구 발전의 역사를 축으로 서술한 총괄서인『横浜港史』(전3권) 도 1989년에 간행되었다. 요코하마개항자료관은 요코하마근대사연구회와 함께『横 浜近代經濟史研究』(1989년),『近代横浜の政治と經濟』(1993년),『横浜の近代: 都 市の形成と展開』(1997년) 같은 연구논문집을 발간하고, 아울러 상해와의 국제공 동비교연구를 수행하여『横浜と上海』共同編集委員會 編,『横浜と上海-近代都 市形成史比較研究』, 横浜: 横浜開港資料普及協會, 1995를 간행하였다. 일본 국립 박물관과 문화재연구소가 공동발행하는 잡지『日本の美術』이 2005년 8월부터 진 행한「日本の近代都市シリーズ」중 梅津章子,「港都横浜の都市形成」,『日本の美 術』473, 2005. 10, 1~80쪽도 요코하마 도시형성사를 개항기부터 현재까지 전체적 으로 조망하고 있다.

이다. 특히 초기 외국인거류지가 정비되어 가는 과정을 토지이용규칙을 뜻하는 '지소규칙(地所規則)'의 전개를 통해 파악하고 소위 '제3회 지소규칙'인 「요코하마거류지 개조 및 경마장·묘지 등 약서(橫浜居留地改造及競馬場墓地等約書)」가 일본 근대도시계획의 전개에서 가진 의미를 파악할 것이다. 나아가 개항장 요코하마의 활성화에 따른 외국인거류지의 확대와 요코하마 도시의 기본 틀의 완성을 살펴볼 것이다.

2. 일본의 개항과 요코하마 건설

1) 개항

오늘날 요코하마라고 불리는 지형은 예전에는 하나의 큰 만이었으며, 요코하마라는 명칭의 기원인 요코하마 촌(橫浜村)은 그 만을 바다와 분리시키는 사구 위에 자리한 반농반어의 촌락이었다.[5] 이 요코하마 촌은 18세기와 19세기 중반에 걸쳐 100호가 되지 않는 작은 촌락이었으며, 미곡수확량(石高元)은 340석 내외였다. 이 340석 정도의 미곡수확량은 1796년 소위 요코하마 신전 개발 덕분에 늘어난 것이었고, 이것은 요시다(吉田) 신전을 비롯한 주변의 미곡수확량과 비슷한 정도였다.[6] 하지만 요코하마 촌은 농업만 보면 가난했으나 사주 위에

---

5) 太田久好, 『橫浜沿革誌』, 東京, 東洋社, 1892, 2쪽; 橫浜貿易新報社 編, 『橫浜開港側面史』, 橫浜: 橫浜貿易新報社, 1967, 1~4쪽. 현재 요코하마 지형과 과거 지형의 비교는 齋藤讓司·市川康夫·山下淸海, 「橫浜における外國人居留地および中華街の變容」, 『地理空間』 4-1, 2011, 56쪽 참조.
6) 橫浜港振興協會橫浜港史刊行委員會 編, 『橫浜港史: 總論編』, 橫浜: 橫浜市港灣

입지하여 세 면이 바다로 둘러싸였기 때문에 어업을 병행하여 주변 다른 촌락보다는 비교적 여유가 있었다고 여겨지고 있다. 이 시기에 1856년 개발되는 오타야(太田屋) 신전은 여전히 소택지였다고 한다 (그림 3-1 참조).[7]

그림 3-1 개항 이전 요코하마 촌 인근 지역[8]

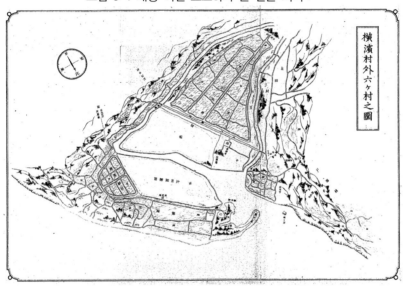

이런 한촌이 개항장으로 변모하게 된 것은 1858년(안세이[安政] 5년) 의 미일수호통상조약의 체결이었다. 익히 알려져 있듯이, 1853년과 1854년 두 차례에 걸친 미국 페리(Perry) 제독의 내항과 그 결과 1854

___

局, 1989, 5~9쪽.

[7] 橫浜市役所 編, 『橫浜市史稿 地理編』, 橫浜, 1932, 208쪽; 佐野充, 「港町の形成過程－橫浜－」, 『地図』 21-4, 1983, 13쪽. 요코하마의 매립의 역사에 대해선, 田中常義, 「橫浜の埋立」, 『土と基礎』 39-1, 1991, 21~28쪽 참조.

[8] 太田久好, 『橫浜沿革誌』에 삽입된 지도 「橫浜村外六ケ村之圖」.

년(安政 원년) 요코하마 촌에서 이루어진 미일화친조약의 조인으로
일본은 모든 외국에 대해 개국하게 되었다.[9] 그러나 실질적인 개국은
1858년 미일수호통상조약의 체결이었다. 이 통상조약에서 1859년 7월
도쿄, 즉 에도에 가까운 가나가와(神奈川)를 비롯해 나가사키(長崎),
하코다테(箱館; 函館)를 개항하기로 정하였다. 이 같은 조약은 네덜란드,
러시아, 영국, 프랑스와도 체결되었다.[10] 그 이후 여러 교섭과정을 거
쳐 실제로 진행된 일본 항구들의 개항 및 개시 시기는 아래와 같다.

표 3-1 일본 개항 · 개시의 실시기일

도시명	실시기일	개항 · 개시
요코하마	1859년 7월 1일(安政 6년 6월)	개항
나가사키	上同	개항
하코다테	上同	개항
고베	1868년 1월 1일(慶應 3년 12월)	개항
오사카 가와구치(川口)	上同 1868년 9월 1일(慶應 4년 7월)(改)	개시 개항
도쿄 쓰키지(築地)	1869년 1월 1일(明治 원년 11월)	개시
니가타 · 에비스미나토	上同	개항

* 메이지 32년 7월(1899. 7) 개정조약이 실시되어 거류지는 폐지됨.

---

9) 페리의 내항과 일본 정부와의 교섭과정은, 横浜市役所 編, 『横浜市史稿 政治 編』,
  横浜. 1932, 1·2장; 『横浜史: 總論編』, 23~37쪽 참조. 1854년의 미일화친조약으
  로 시모다(下田)와 하코다테(箱館)를 외국에 개방함으로써 일본이 개국하였다.
10) 그래서 이를 '안세이 5개국 조약(安政五國條約)'이라고 부른다. 이때 맺어진 조약
  들의 내용을 법적으로 자세히 검토한 것은, 大山梓, 「安政條約と外國人居留地」,
  『國際政治』 14, 1960, 111~114쪽 참조. 미일수호통상조약(日本國米利堅合衆國修
  好通商條約)의 전문은 横浜港振興協會横浜港史刊行委員會 編, 『横浜港史: 資料
  編』, 横浜: 横浜市港灣局, 1989, 5~20쪽에 수록. 조약의 3조에 "시모다를 폐쇄"하
  고 대신에 가나가와를 개항해 "외국인의 거류를 허용"한다고 정하였고, 개항시기
  를 1859년 7월로 하였다. 또한 가나가와와 나가사키 외에 니가타(新潟)와 효고(兵
  庫)(실제로는 고베)도 1년 뒤인 1860년 개항하기로 했다.

여기서 '개항(開港)'은 "시가(市街) 및 항(港)"을 여는 것이며, '개시(開市)'는 "시가"만을 여는 것을 뜻했다. 안세이의 조약들에서는 개항과 개시를 "거류(居留)"와 단지 상행위 기간 동안의 "체류(逗留)"로 구분하고 있어, 외국인거류지의 설정은 개항장에만 해당되었다. 그러나 1867년 「효고오사카규정서(兵庫大坂規定書)」의 체결로 이 구별이 없어지고 개시장에도 거류지가 설치되었으며 나아가 잡거지(雜居地)도 이 둘 모두에 허용되었다.[11]

하지만 요코하마 개항과 관련해 가장 문제가 된 것은 조약상에 명기된 "가나가와(神奈川)"의 해석이었다. 도쿠가와 막부는 가나가와는 가나가와 항 전역을 가리키며 요코하마도 가나가와라고 하였다. 그리고 막부시기 일본의 5대가로 중 하나인 도카이도(東海道) 상의 역참이 있고 에도에 매우 가까운 가나가와를 피해, 교통이 불편한 벽촌인 요코하마에 개항장을 만들고자 하였다.[12] 이에 대해서 영국과 미국공사를 비롯한 외국 외교관들은 나가사키의 데지마(出島)처럼 고립된 개항장을 만드는 것이 '가나가와'로 명기한 수호통상조약에 위배된다고 항의하였다. 그러나 도쿠가와 막부는 외국과의 협상이 타결되지 않은 상태에서 요코하마가 선박정박지로서 최적이라고 주장하면서 요코하마 개항을 "기정사실"로 만들면서 강행했다.[13]

막부가 요코하마를 개항지로 선택하는 데는 당시 외국과의 교섭위원 중 한 사람이었던 이와세 다다나리(岩瀨忠震)의 주장도 크게 작용했다고 한다. 이와세는 이미 일본의 경제 및 무역이 집중되었던 '상도

11) 大山梓, 「日本における外國人居留地」, 『アジア研究』 7-3, 1961, 15~23쪽.
12) 肥塚龍, 『横浜開港五十年史 下卷』, 横浜: 横浜商業會議所, 1967, 86~87쪽; 『横浜開港側面史』, 47~52쪽.
13) 『横浜市史 第二卷』, 197~198쪽.

(商都)' 오사카가 개항을 맞아 국제 무역까지 장악하면 에도를 위협할 정도가 될 것이라고 우려하여, 에도 만 내의 요코하마를 개항장으로 삼아 에도와 연결함으로써 경제적 측면에서 오사카를 견제하고 에도의 경제적 부를 배가시키자고 주장했다.[14] 이런 이와세 다다나리의 "요코하마 개항을 통한 부국론"은 당시 에도의 막부 집권세력의 소극적 개국론과 맞지 않음에도 요코하마를 적지로 정하는 점에서 일치해 개항지로 요코하마를 선택하는 데 크게 작용했다고 한다.[15]

외국과의 공식 타결 없이 요코하마 개항을 강행한 도쿠가와 막부는 개항장으로 많은 외국인이 들어올 것에 대비해 외국인거류지를 마련해야 했고, 개항에 앞서 1년도 채 안 되는 기간 동안에 요코하마에 2개의 부두(波止場)와 운상소(運上所; 세관 기능 수행)(미일화친조약 체결지로 현재 가나가와 현청 소재지)를 설치하고 운상소의 동쪽과 서쪽에 각각 외국인과 일본인을 대상으로 한 주거지 터를 마련했다.[16]

2) 일본인 마을의 건설

일본 막부의 일방적인 요코하마 개항 방침에 따라, 1859년(안세이 6년) 2월 개항에 대비해 외국인 업무를 맡도록 설치된 가이고쿠 부교(外國奉行)는 요코하마 개항장 건설방침을 정부에 건의했고,[17] 이것이 승인되어 개항장의 도시건설이 진행되었다. 그 진행과정은 이러했다. 간선로와 동 떨어졌던 요코하마를 주요 도로와 연결해 에도와의

---

14) 横浜港振興協會横浜港史刊行委員會 編, 『横浜港史: 各論編』, 横浜: 横浜市港灣局, 1989, 8~9쪽.
15) 塚田景, 「近代横浜の都市形成」, 6쪽.
16) 佐野充, 「港町の形成過程-横浜-」, 13~14쪽.
17) 大山梓, 「安政條約と外國人居留地」, 112쪽; 『横浜港史: 各論編』, 12쪽.

연계성을 확보하기 위해, 도카이도 호도가야역참(保土ケ谷宿)에서 토베 촌(戸部村)까지 '요코하마 도(橫浜道)'를 열었다. 그리고 이 길을 요코하마 개항장과 연결하기 위해 노게바시(野毛橋)와 요시다하시(吉田橋)를 가설했다. 토베의 전답 위에 여인숙을 건설했고, 가나가와 부교 관사는 토베 미야노사가(宮の坂)에, 지방관 관사는 같은 곳 고노카미(子の神) 신사 뒤편에 두었다. 무역을 위해 이주한 일본인 상인들(町人)에게는 요코하마 촌 전답과 벤텐사(弁天社)에서 혼코 촌(本郷村)에 걸치는 땅을 나누어 양도했다. 요코하마 촌의 중앙에 세관 역할을 하는 운상소를 설치하고 그 앞에 부두 2개소를 축조해 부두에서 동쪽은 외국인에게 임대하도록 정했다. 동쪽 부두(東波止場)는 외국 화물을 취급하고 서쪽 부두(西波止場)는 일본인 화물 전용이었다. 부두에는 잔교를 설치했는데, 잔교는 각각 길이 약 109미터(60間), 폭 약 18미터(10間)로 화강암으로 만들었다. 운상소 근처에 또 관사 20동을 건축해 2동은 외국인에게, 다른 2동은 일본인 상인에게 대여했으며, 이 내외국인의 임대장옥(長屋)이 있는 땅을 고마가타 초(駒形町)라 하였다. 벤텐사의 남쪽 편에는 늪지를 매립하여 임대장옥을 세웠다. 그리하여 1859년 7월의 개항 무렵에는 예정된 건설계획이 거의 완료되어 있었다.[18]

이에 더해 가이고쿠 부교는 개항장에 유녀(遊女) 거리를 세우기로 하고, 중앙 고마가타 초의 북쪽 오타야 신전의 땅 약 8,000평을 매립하고,[19] 1859년 6월에는 미요자키(港崎)유곽이 마침내 개업하였다.[20]

---

18) 『橫浜市史 第二卷』, 202~203쪽.
19) 이는 "단속(取締)"의 편의를 위한 것이었다. 川本三郎, 『橫浜開港小史』, 東京: 警眼社, 1909, 66쪽.
20) 『橫浜市史 第二卷』, 210쪽.

이와 같이 막부의 주도로 건설계획이 진행되어 운상소를 중심으로 서쪽에 일본인거주지, 동쪽에 외국인거류지가 배치되고 안세이 6년에는 일본인마을의 거리구획(町割)이 이루어지고 있었다. 이주상인에게는 특전이 주어졌고 요코하마 촌의 주민들은 동쪽의 모토 촌(本村)(지금의 모토마치[元町]) 쪽으로 강제 이주시켰다.[21]

이렇게 마련된 1859년 7월 개항 전후의 요코하마 개항장의 전체적인 모습은 1859년에 당대 유명한 우키에(浮繪)화가인 이치교쿠사이(一玉齋)가 그린 그림[22]에서 볼 수 있다. 이 그림에 따르면, 항은 2개의 잔교가 중심이었지만 일본인마을은 운상소와 관사의 서쪽에서 슈칸벤덴(洲干弁天)이라는 곳까지 뻗어 있고 상당한 폭을 갖고 있었다. 외국인거류지는 운상소와 관사의 동쪽, 야마테(山手) 방면에 걸쳐서 건설하기로 되어 있었다. 그리고 일본인마을 북쪽 오타야 신전 위쪽에 요시다 신전과 개항장을 연결하는 요시다하시가 그려져 있다. 그러나 외국 측은 막부에 대해 개항장을 가나가와에 건설하도록 요청하고 있었기에 외국인거류지 부지는 거의 개발이 진행되지 않음을 알 수 있다.

막부가 개항장의 건설에 투입한 경비는 1859년 4월에 가이고쿠 부교(外國奉行)가 막부에 보고한 단계에서는 총액 9만 3089 냥(兩)이었다. 그 비용의 액수는 물론이거니와 요코하마 개항을 향한 건설의 속도에도 놀라운 면이 있었다. 공사는 미일수호통상조약의 다음 달인 1858년 7월부터 시작되었다. 그런데도 다음 해 6월 중순에 거의 완성되었고, 특히 운상소와 부두 건설은 개항 직전의 3개월간에 그 공사를

---

21) 村田明久, 「開港7都市の都市計畵に關する硏究」, 早稻田大學 工學博士學位論文, 1995, 19~20쪽.
22) 「神奈川港御貿易場大絵図」, 一玉斎, 安政6年(横浜市立圖書館所藏, 請求記號: E-038).

거의 끝내고 있는 것으로 보아 놀랄 정도로 "강행공사(突貫工事)"였던 것 같다.[23]

일본인마을의 도시계획은 요코하마로의 상인이주의 장려와 요코하마 항 및 개항장의 필요 시설의 건설을 전제로 진행되었다. 일본인마을은 중앙을 동서로 가르는 혼마치도리(本町通), 이 혼마치도리(중앙)와 나란히 북쪽으로는 기타나카도리(北仲通)와 가이간도리(海辺通), 그 반대쪽인 남쪽으로는 미나미나카도리(南仲通)와 벤텐도리(弁天通), 이 다섯 개의 주도로가 나있고, 그것과 교차하는 형태로 5개의 도로가 나도록 구획되었다. 이에 따라 정연한 도시의 구도가 나타났다. 이런 구조는 이후 일본인마을 쪽(현재의 이세자키[伊勢佐木] 지구)의 기본 틀이 되었고, 도로 정비와 '처마(庇)' 규제와 같은 일부 세부적인 정책의 시행과 함께[24] 일본의 전통적인 거리구획 방식에 의한 형태로 유지되었다.

막부의 적극적인 상인 이주 장려책[25]도 있어 이 일본인마을에는 가게를 내기를 희망하는 상인이 각지에서 이주했다. 특히 요코하마에 관심을 보인 것은 당시 '하시리야(走り屋)'라 불리던 모험적인 상인들이었다. 그들은 일확천금을 꿈꾸는 장사를 바라고 개항에 따라 기대할 수 있는 경제적 토양을 계산에 넣고서 모여들었다.[26]

물론 당시의 일본인 마을에는 모험적인 상인만이 아니라, 막부의 납품상인(御用商人)이었던 미츠이(三井)도 가게를 내었다. 미츠이가 가게를 낸 것은 요코하마를 대외무역의 공식 통로로 삼고자 하는 막

---

23) 小林照夫, 『日本港の歴史』, 東京: 成山堂書店, 1999; 再版, 2004, 29~30쪽.
24) 塚田景, 「近代横浜の都市形成」, 29~30쪽.
25) 「安政六年一月 神奈川・長崎・箱館三港開港につき出稼・移住・商賣等自由の申渡」, 『横浜港史: 資料編』, 822쪽.
26) 川本三郎, 『横浜開港小史』, 75쪽; 塚田景, 「近代横浜の都市形成」, 26~27쪽.

부 정책의 일환으로 추진된 것이었다.[27] 그런 막부의 정책에 의해 일본인마을은 전통적인 장사와 모험적 상인의 도전 정신이 잘 뒤섞여 단기간 안에 '전통'과 '혁신'의 양면을 겸비한 활기찬 거리로 변모하였다.

영국의 총영사 엘콕(Rutherford Alcock)은 개항일 전날 일본인 마을의 변모 모습을 보고서, "사람이 살지 않는 만(灣)의 끝에 있는 못과 늪에서, 마법사의 지팡이에 의해 매우 혼잡한 거리가 생기고, 가로의 양측에는 나무와 진흙 벽을 두른 탄탄한 집이 생겼다"고 놀라워했다.[28] 개항 후 1년째인 1860년 일본인 마을에는 미츠이 하치로에몬(三井八郎右衛門), 나카이야 쥬베를 비롯한 생사판매상이 93채(軒), 견직물, 녹차, 칠기(塗物), 도자기, 해산물 등의 판매상과 서양 직물의 취급상을 포함해 90여 채, 그 외에 여러 화물운송업 10채, 파발업(飛脚屋) 2채, 여관 3채를 헤아리는 일대 경제도시가 생겨났다.[29]

3. 외국인거류지의 확대와 근대 도시공간의 형성

1) 최초의 외국인거류지 건설과 「지소규칙(地所規則)」

외국 외교관들이 요코하마 개항장을 인정하지 않았음에도, 외국 상인들은 요코하마로 이주하여 활동을 시작했다. 특히 거류지의 영역이 결정되자 외국상인들은 건물을 짓기 시작했고, 외국인의 이주가 진행

---

27) 太田久好, 『横浜沿革誌』, 28~29쪽.
28) 小林照夫, 『日本港の歴史』, 33쪽에서 재인용.
29) 「万延元年五月現在の横浜商人」, 『横浜港史: 資料編』, 828~835쪽의 상인 명단에 의거해 정리.

되었다. 영국의 자딘·매디슨 상관(Jardin, Matheson & Co.)은 거류지에서 최초로 영국일번관(英國一番館)을 세웠고, 그 후 차츰 상관이 건설되어 1860년 요코하마 거류지에는 외국상인의 수가 44명까지 늘어났다. 그 때문에 개항 당시의 거류지로는 공간이 좁아 간나이는 이미 꽉 차버렸다. 간나이는 간척을 통해 조성된 저습지였기 때문에 양호한 거류지는 야마테(山手) 쪽뿐이었다. 그로 인해 토지의 배분을 둘러싸고 각 국가들 간에 토지 획득 경쟁이 벌어졌다. 한편 영사관은 요코하마를 개항장으로 인정하고 가나가와에서 이전할 때 높고 땅이 마른 야마테 지구를 구해 이주했지만, 그 후 이곳을 해군과 주둔군의 시설로 전용하면서 1864년의 「요코하마거류지 각서(橫浜居留地覺書)」에 따라 운상소 주변을 영사관 용지로 지정하였다.[30]

여러 외국이 요코하마의 개항을 승인한 직후인 1860년에 외국인거류지에 자리잡은 미국, 영국, 네덜란드, 프랑스가 토지획득경쟁의 과열과 혼란을 막기 위해 자체적으로 「가나가와 지소규칙(神奈川地所規則)」(제1회지소규칙)을 체결했다. 그 내용은 각국 거류지에게 토지를 재분할 하는 것, 차지(借地)에 관한 규정 외에 도로, 부두, 하수도의 정비, 차지인회(借地人會)를 통한 자치 등에 대해 규정한 것이다.[31] 막부는 요코하마 개항장 정비사업비로 예산을 마련했고, 예산의 구성은 운상소·부교소(奉行所) 등의 용지매수비 및 건축비, 도로·다리·부두 등의 정비, 건조비 등으로 이루어졌다.[32] 하지만 이 「가나가와 지소규칙」은 외국인들의 자치 문제에 중심을 둔 것으로 본격적인 도

---

30) 『橫浜市史 第二卷』, 252~260쪽.
31) 「神奈川地所規則」의 전문은 村田明久, 「開港7都市の都市計畵に關する硏究」, 381~384쪽에 수록.
32) 梅津章子, 「港都橫浜の都市形成」, 25쪽.

시정비 및 도시계획을 목적으로 한 것은 아니었다. 게다가 요코하마
의 외국인들이 주도해 마련한 것이며 일본 측은 체결에 참여하지 않
았다. 따라서 일본 측은 이 지소규칙에 대해 법적인 의무가 없었고,
이에 따라 이 지소규칙에 따른 개항장 정비에 소극적으로 응했으며,
이 지소규칙은 거의 실효성을 갖지 못했다.[33]

　구체적으로 근대적인 도시정비사업으로서의 모습을 보인 것은 「요
코하마거류지 각서」(제2회지소규칙; 이하 각서로 줄임) 때부터였다.
이때는 외국 측이 외국인 거류지 보호를 위해 야마테에 군대를 주둔
시키고 있었고,[34] 이런 군사력을 배경으로 막부는 어쩔 수 없이 이「각
서」에 서명하였다.

　「각서」는 요코하마 항 내 무역량의 증가에 따라 필요했던 외국인
거류지의 확장과 외국인 거류지의 자치체제의 강화를 목적으로 영국,
미국, 프랑스, 네덜란드와 일본 사이에 체결되었다. 그 내용은 요코하마
거류지에 대해서 "최종적으로 합의된 개선, 확장과 공공토목사업의
기초 및 조건을 명확하고도 실제적인 형태로 기록으로 남긴" 것으로
12개 조항으로 되어 있다. 그 내용을 요약하여 제시하면 아래와 같
다.[35]

　제1조 요시다 신덴(吉田新田)에 각국 군사훈련소·경마장의 설치
　제2조 병원사옥의 증축
　제3조 외국인묘지의 확장
　제4조 공설도살장의 건설
　제5조 미요자키(港崎) 유곽의 이전, 가이간도리(海岸通り)의 건설·오타야 신

─────────

33) 大山梓, 「安政條約と外國人居留地」, 113쪽.
34) 川本三郎, 『橫浜開港小史』, 110~111쪽.
35) 「橫浜居留地覺書」의 전문은 『橫浜港史: 資料編』, 836~844쪽에 수록.

덴(太田屋新田)의 매립과 외국인 거류지화
제6조 벤텐(辯天) 근처를 영사관 터로
제7조 일본인 거리의 해안에 면한 지구(혼마치도리[本町通り]와 해안 사이의
    토지)를 외국인에게 넘겨줌(明け渡し).
제8조 공사관을 위한 토지의 확보
제9조 각국 사관(士官) 등을 위한 집회소(集會所)의 건설
제10조 식료품 마켓의 건설
제11조 네기시(根岸) 외국인보도의 건설
제12조 도로·하수도의 외국차지인 관리와 그 운영자금을 위한 지대 2할의 환불

이런 조문의 내용에서 당시의 상황을 엿볼 수 있다. 우선 존황양이
(尊皇攘夷)가 휘몰아치는 상황을 반영해 열강 각국은 거류지에 군대
를 주둔하는 것을 인정받고 있다. 또한 거류지가 협소해졌기 때문에
거류지 영지의 확대를 추구하고, 일본인 마을의 잡거지화와 자치조직
의 설립을 요구하고 있다. 그에 더해 공설도살장의 조기 건설, 경마
장, 네기시 외국인 보도의 건설 등 살기 좋은 도시 생활에 필요한 위
락시설도 요구하는 한편 유곽의 이전도 요구하고 있다. 이 부분에서
는 일본 측과 외국 측의 오락시설에 대한 문화마찰이 생기고 있음을
알 수 있다. 일본 측은 외국인을 고립시켜 사실상 '데지마화'를 추진하
기 위해 유곽을 건설했음에도,[36] 외국 측은 그것의 이전을 요구하고
있는 것이다. 그에 더해 지금까지 여러 번 막부에 요구해온 도로·하
수도의 정비·관리에 대해서는 결국 스스로 행하기 위해 지대 2할을
환불하도록 요구하고 있다. 즉 막부는 하수도공사를 하고 있다고 하
지만, 외국 측에서 보기에 만족스럽지 못해 스스로 기사를 불러들여
사업을 실시하는 쪽이 현실적이라고 판단한 것 같다. 당연히 당시 일

---

36) 佐野充, 「港町の形成過程-横浜」, 14쪽.

본에는 근대적 도시의 이미지나 그것을 실행에 옮기기 위한 기술자가 없었다. 결국 '고용외국인(御雇い外國人)' 기사를 활용하는 것이 불가피했다.

「각서」는 일본 쪽에 불리한 내용이었고, 게다가 「각서」의 체결에 참여치 않은 포르투갈, 프로이센, 스위스의 개정 요구와 맞물려 집행되지 못하고 개정을 위한 협상이 진행되었다. 이런 상황에서 요코하마의 도시정비에 일대 전환을 가져온 사건이 일어났다. 그것은 1866년에 발생한 소위 '부타야 화재(豚屋火事)'였다.

1866년 11월 26일, 스에히로 초(末廣町)의 돼지고기 가게 데츠고로(鉄五郎) 쪽에서 화재가 발생했고 때마침 분 강풍으로 인해 불은 순식간에 전 도시로 확산되었다. 이때 운상소, 화물검사소, 관사를 비롯해 일본인마을 대부분이 소실되었고, 외국인 거류지까지 피해를 입어 간 나이의 3분의 2가 소실되었다.[37] 그렇지 않아도 「각서」의 수정을 위한 협상이 진행되던 차에 대화재가 발생하여 거류지에 막대한 손실이 가해지면서, 협상은 외국측의 요구가 크게 반영되는 식으로 급진전되었다.

결국 대화재 이후 1개월도 지나기 전에 「요코하마거류지 개조 및 경마장·묘지 등 약서(橫浜居留地改造及び競馬場墓地等約書)」(제3회 지소규칙; 이하 「약서」로 줄임)가 체결되었다.[38] 「약서」의 전문(前文)에는 "화재의 위험을 방지하기 위해 개량계획에 따라서 요코하마 거류지의 중심부를 개량하는 것이 필요하기에, 또한 1864년 12월 19일의

---

37) 梅津章子, 「港都橫浜の都市形成」, 31쪽에 수록된 「大火燒失區域圖」 참조. '부타야 화재'에 대한 설명은 『橫浜市史 第二卷』, 263쪽 참조.
38) 「橫浜居留地改造及競馬場墓地等約書」의 전문은 『橫浜港史: 資料編』, 849~860쪽에 수록.

조약 중 모종의 규정을 재검토하여 거류지의 복리를 위해 다른 약조를 체결하는 것이 바람직하다"고 하고 있다. 「각서」와 마찬가지로 「약서」도 모두 12개 조항으로 되어 있고, 그 내용을 요약 정리하면 다음과 같다.

제1조 (요코하마공원의 정비) 「각서」의 제1조를 폐지하고, 대신에 경마장은 네기시에 이미 준공되어 있는 것을 이용할 것. 종래의 미요자키 유곽을 오오카가와(大岡川) 남쪽으로 옮기고 그 터로 외국인과 일본인이 모두 이용하는 공원으로 삼을 것.

제2조 (가이간도리[海岸通], 바샤미치[馬車道], 오오카가와 연안로[大岡川沿岸路]의 정비) 「제2차 지소규칙」 제7조를 폐지하고, 그 대신에 일본정부는 첫째 현재의 가이간도리의 서쪽 변두리에서 프랑스 공사관 앞의 넓은 가로까지, 둘째 가이간도리에서 직선으로 이어져 요시다하시까지, 셋째 요시다바시에서 오오카가와 연안의 니시노하시(西の橋)까지 세 곳에 폭 60 피트의 도로를 설치할 것.

제3조 (방재가로[防災街路]의 설치) 외국인 거류지와 일본인 거류지를 개선하고 동시에 양 지구에서 화재의 연소(延燒)를 방지하기 위해 양 지구 사이에 중앙대로(현재의 니혼오오도리[日本大通り])로 폭 120 피트의 가로를 해안에서 공원까지 개통하고, 도중의 저지(低地) 부분은 앞뒤의 땅 높이와 같은 높이로 매립하며, 매립하고 나면 땅 전체의 배수를 위해 오오카가와 방향으로 기울게 한다. 기간은 7개월 이내로 완성할 것.

제4조 (새로운 구획[區畫]의 대여) 중앙대로의 동쪽에 새로 생기는 세 구획 중 한 구획은 공공건물의 용지로 할 것. 나머지 두 구획은 일본정부가 공개입찰을 통해 외국인에게 대여하고 시가중앙의 개량공사의 자금으로 돌릴 것.

제5조 (하수도의 정비) 중앙대로와 그에 평행하는 두 개의 가로, 그 길들과 교차하는 가로는 일본정부가 조성하고 하수(下水)를 완비할 것. 중앙대로의 양쪽에 폭 20 피트의 보도를 설치하고 그 바깥쪽에 나무를 늘어세울 것. 중앙대로에 평행하는 두 가로에도 폭 10 피트의 보도를 설치할 것.

제6조 (방화건축물[防火建築物]) 중앙대로 부근에 세우는 건물은 견고하게 만

들며, 지붕은 기와로 잇고, 벽은 벽돌 혹은 두꺼운 석회(石灰)로 할 것. 위반
자에게는 토지소유권을 빼앗는 등의 벌칙이 있다.

제7조 (신매립지의 정비) 일본정부는 「각서」 제5조에 있는 습지의 매립을 완성
하고, 여기에 하수(下水)를 만들기 위한 충분한 채비를 할 것.

제8조 「각서」 제10조에 있는 식료품 시장의 부지로 중앙대로 부근의 한 구획
을 할당할 것. 동 제3조에 있는 외국인묘지 확장의 경계를 정할 것.

제9조 오오카가와의 어귀를 일본정부가 준설할 것. 거류지 주위는 간조(干潮)
시에 수심 4피트 이상으로 해 둘 것.

제10조 야마테(山手) 지구를 외국인에게 공개입찰로 대여하고, 그 수수료를 그
땅의 개량비로 이용할 것. 야마테에 외국인을 위한 공원을 조성할 것. 경마
장은 일본정부가 만든 것이지만, 복구(修復)는 외국인이 할 것.

제11조 본 규칙의 제4조, 8조, 10조에서 정한 공공건축물·묘지·공원·경마장
의 부지는 그 외의 목적으로는 사용하지 말 것.

제12조 현재의 외국인 거류지가 꽉 차게 되었을 때는, 호리와리가와(堀割川)와
야마테 사이의 땅을 거류지 확장 용지로 준비할 것.

「약서」는 이전의 지소규칙들에 비해 상당히 구체적이며 심지어 각
사업의 시기까지 정해져 있었다. 특히 이전의 지소규칙과 다른 점은
대화재 이후에 체결되었기 때문에 방화지대(防火地帶)로서 가로의 정
비와 지붕재의 불연화(不燃化) 등 방재(防災) 요소가 더해진 점이다.
그리고 여전히 거류지 부지가 충분치 않았기에 거류지의 정비확장도
포함되어 있다.

이와 같이 「약서」에는 방화도로, 가로수, 공원, 방화건축, 보도와 차
도의 분리, 하수도 등 일본에는 없던 서구의 근대도시계획사상이 담
겨있어 일본 근대도시계획의 "효시(嚆矢)"라고도 부를 수 있다. 곧바
로 실행에 옮기지는 않았지만 이 규칙을 바탕으로 현재 간나이 지구
의 골격이 조성되었기에, 간나이의 도시계획은 그 내용 면에서도 일

본 근대도시계획의 선구라고 할 수 있다.[39] 아래에서는 이러한 「약서」
에 기초한 간나이 거류지의 정비과정을 살펴보자.

1863년의 요코하마 지도(그림 3-2)에는 운상소를 중심으로 하는 관
공서 거리의 모습이 잘 나타나 있다. 특히 개국을 맞아 서둘러 신도시
요코하마를 건설하고 기정사실로 만들고자 했기 때문에 관공서 거리
가 난잡하게 건설되었음을 보여준다. 부두와 운상소 사이의 해안은
좁고 수출입품의 화물을 선박에 싣거나 내릴 때 상당히 혼잡했었으리
라고 생각된다. 관공서 거리에는 장옥·사택·영사관·마을회관(町會

그림 3-2 1863년의 요코하마 개항장[40]

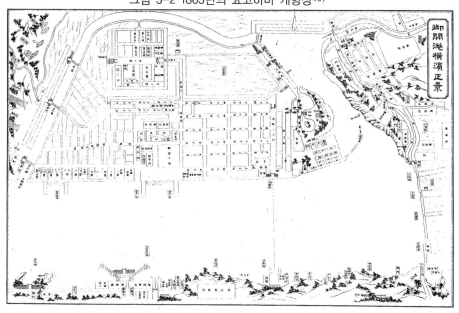

39) 梅津章子, 「港都橫浜の都市形成」, 33쪽.
40) 太田久好, 『橫浜沿革誌』에 삽입된 지도 「御開港橫浜正景」.

所) 등이 건설되어 있었다. 관공서 거리 일대는 건물이 어지럽게 들어서 정연하지 못하고 그 사이를 구불구불한 길이 통하고 있었다. 짐수레・마차만이 아니라 사람들의 왕래에도 장애가 되었음을 알 수 있다. 관공서 거리의 1번 뒤로 요시하라 도(吉原道)가 있어 유곽의 입구인 대문으로 연결되었다.

「약서」의 체결은 이 운상소 일대의 중앙 관공서 거리를 정연하게 재개발하는 것이 주요 목적이었다. 「약서」의 제3조에 따르면 일본인 마을과 외국인거류지 사이에 가로수를 심은 20 피트(약 6미터)의 보도를 양쪽으로 갖춘 120 피트(약 36미터)의 중앙가로(현재의 니혼오오도리)를 해안에서부터, 제1조에서 규정한 도시공원까지 부설하고자 하였다. 「약서」에는 중앙관공서 거리 내의 보도・차도 분리를 명시적으로 밝히고 있고 그때까지의 일본 도로에는 없는 도로 사양이 제안되었다. 개조에 들어가면 순환도로는 14개월 이내에, 중앙가로는 7개월 이내에 일본 측의 책임에 의해 완공하는 것으로 약정되었다. 1866년 '부타야 화재'를 계기로 체결된 「약서」는 일본 최초의 근대도시로의 개조계획이었다. 「약서」 체결로 입안된 도로계획은 첫째로 국제무역 활동에 기여하는 순환도로를 정비하는 것이며, 둘째로 일본인마을과 외국인거류지 사이에 경계가 되는 가로를 건설하여 개발하는 것이었다.[41]

2) 근대 도시공간의 형성

일본 최초의 근대적 도시계획을 제시했다고 하는 「약서」에 기초해

---

[41] 塚田景, 「近代横浜の都市形成」, 19~20쪽.

실제로 요코하마 외국인거류지의 도시정비를 수행한 사람은 고용외
국인 기사 R.H. 브런튼(Brunton)이었다. 브런튼은 일본 각지에 등대를
건설하기 위해 1867년 일본 막부의 요청으로 영국에서 파견된 기술자
였다. 브런튼이 일본에 온 것은 1868년으로 메이지 원년에 해당했다.
브런튼은 등대 건설사업을 수행하다가 당시 가나가와 현지사인 테라
시마 무네노리(寺島宗則)를 알게 되었고, 그의 요청에 따라 요코하마
도시개조에 투입되었다.[42] 그는 요코하마 도시개조를 위해 가장 먼저
요코하마 거류지의 측량과 정밀한 실측도를 작성하고,[43] 이에 기초해
하수도 및 도로정비계획을 실시했으며, 하수도공사 착공 후에는 요코
하마 수도계획(水道計畫)을 입안했다.

「약서」에 기초해 수행한 사업들을 살펴보면 이러하다.[44] 먼저 제1
조의 요코하마 공원은 1871년 브런튼에 의해 계획안이 제출되었다.
제1차 계획안은 공원 서쪽의 신매립지 조성과 하수도계획, 도랑(堀割)
의 확장과 호안(護岸)의 정비, 니혼오오도리의 설계를 포괄하여 담고
있었다. 그러나 미국 공사(公使)가 공원 내 크리켓장이 영국에 편중된
계획이라며 수정을 요구해 크리켓장을 축소해 중앙에 배치하는 것으
로 변경했으며, 미국 쪽도 이 계획에 대해서는 납득하였다. 이 중앙공
원(요코하마 공원)은 1874년에 착공하여 1876년에 완성되었다. 또한
제10조의 야마테 공원도 1871년에는 완성되었다.

다음으로 제3조, 제5조, 제6조의 니혼오오도리와 그 주변의 도로 정
비는 1870년에 가구 구획이 종료되고, 1875년에는 방화건축물의 건설
이 개시된 뒤, 1879년 1월에는 가운데 중앙차도와 양쪽의 보도 및 가

---

42) 위의 논문, 20~21쪽.
43) 梅津章子,「港都橫浜の都市形成」, 36쪽에 브런튼이 작성한 실측도가 수록되어 있다.
44) 이하의 내용은 위의 논문, 34~44쪽에 주로 기초해 정리했다.

로수대를 갖춘 폭 36미터(20間)의 니혼오오도리가 완성되었다. 특히 도로건설 과정에서 브런튼이 적용한 자갈·쇄석 포장 방식과 차도와 보도의 분리 원칙은 이후 일본 도로부설의 기본 원칙으로 채택되었다.[45] 「각서」와 「약서」 모두에 포함된 외국인 묘지의 경우에는, 페리 제독 내항 시 사망한 미국 해군 한 명을 '미나토노미에루오카(港の見える丘)'에 매장한 것이 그 출발이었다. 개항 이후 외국인이 늘어나면서 일본인 매장지와 뒤섞여 버렸고, 이에 1861년에 외국인 전용 묘지로 삼기 위해 일본인들의 묘지가 이전되었다. 「각서」에 기초해 묘지는 도덕원(道德院)의 고지대로 확장되었고, 「약서」에 의해 거의 오늘날의 지역까지 확장되었다.

메이지 정부는 부국강병·식산흥업을 기치로 서구문화를 적극적으로 받아들이고자 하였다. 이러한 풍조는 요코하마 거리 조성에 반영되었다. 먼저 일본 최초의 철교(鐵橋)가 요코하마에 세워졌는데, 원래 목조였던 요시다하시를 브런튼이 철교로 개조한 것이다. 또한 요시다하시는 일본 최초의 교각이 없는(無橋脚) 다리이기도 하다.[46] 그에 더해 1872년 일본 최초로 가스등이 요코하마에서 점등되었다. 당초에는 거류지에서 점등이 시작되도록 계획했지만, 가나가와 재판소(神奈川裁判所) 부근, 혼마치도리(本町通り), 바샤미치(馬車道) 등의 일본인 마을에 약 300개가 처음으로 점등되었다. 간나이 지구 전역 및 야마테 지구까지 보급된 것은 1874년 말엽이었다.[47] 철도의 건설도 브런튼이 「철도건설에 관한 의견서(鐵道建設に關する意見書)」를 제출하여 신바시(新橋)·요코하마 사이를 연결하는 철도 시설을 제안하였다.

45) 塚田景, 「近代橫浜の都市形成」, 26쪽.
46) 『橫浜市史 第二卷』, 242쪽.
47) 『橫浜市史 第二卷』, 245쪽.

저습지에 펼쳐진 요코하마는 개항 당시부터 하수도 정비의 필요성 및 상수도의 확보가 커다란 과제였다. 특히 시가지의 대부분이 매립지였기에 상수의 확보가 어려웠다. 브런튼은 개항장의 거류지 도로·도랑 수리 및 조성을 주된 과업으로 맡고 있었기에, 1871년 가타비라가와(帷子川) 상류의 쓰즈키(都筑) 군 가와이(川井) 촌에서 수원(水源)을 찾아 시내 300 곳의 소화전과 150 곳의 공용전(共用栓)에 공급하는 계획을 공표했지만, 결국 상수도계획은 실현에 이르지는 못했다.[48]

그러나 요코하마 상인들은 물 부족 문제 해결을 위해 자체적으로 수도사업을 시도했다. 가나가와 현은 1872년 수도 공사를 허가했고, 다마가와(多摩川)를 수원(水源)으로 하고 다치바나(橘樹) 군 가시마다(鹿島田) 촌에서부터 약 0.6제곱미터(2尺 4方)의 목제 홈통(木樋)을 매설하여 우라타카시마 초(裏高島 町)로 물을 유도하고 그곳에서 목제 홈통으로 시내 안쪽으로 배수하였다. 이것을 '모쿠히수도(木樋水道)'라고 불렀다. 공사 자체는 극히 난공사여서 2년 후인 1874년에야 겨우 완성하였다. 그렇지만 수도관이 목제였기 때문에 금방 썩어 악취와 누수도 심해져 결국 전면적으로 급수가 중단되고 말았다.[49]

거류지의 외국인은 여러 차례 상수도의 개선을 일본정부에 요구했지만 좀처럼 실현되지 않았고, 1882년 요코하마에 콜레라가 크게 유행하면서 상수도 정비가 중대한 과제로 되었다. 바로 그 시기는 조약 개정을 목표로 일본과 외국 측이 협의하고 있던 때였기에 영국공사 파크스는 상수도의 정비를 강력하게 요구했다. 결국 1884년 당시의 대장대신(大藏卿) 마쓰카타 마사요시(松方正義)는 외교상의 문제로서 요코하마 수도 사업을 국가사업으로 다룰 것을 결정했다. 이에 따라

다음해 4월부터 상수도 공사가 개시되어 1887년에는 상수도를 통한 물의 배급이 시작되었다.[50]

거류지 동쪽의 야마테(山手) 일대는 외국에게 일찍부터 거주지로 주목받아, 가나가와의 각 영사관이 요코하마 이전을 신청할 때 야마테를 희망하였다. 야마테가 외국 측에 양도된 것은 1862년 로쥬(老中)가 미국 공사 해리스에게 약 2만 5,000평의 야마테 지구의 대여를 통고한 것이 처음으로, 그 내부 할당분은 미국 영사관터 3,002여 평, 영국 영사관터 2,146여 평, 프랑스 영사관터 2,760여 평, 영국해군물자창고(物置所) 1,636여 평, 외국인묘지이다.[51] 이때부터 야마테는 각국 영사관, 해군시설, 묘지의 건설용지로 임대되었다. 1860년대 초에는 양이(攘夷)파의 행동이 더욱 격심해져, 1863년 5월 18일 영국·프랑스 양국 해군은 요코하마 거류지의 방위권을 획득하여 야마테 지구에 군대를 주둔시켰다. 프랑스는 6월에 영국 해군물자창고 인근 땅에 해군물자창고터 1,074 평(야마테 185번)·해군물자창고터 방화대(火除地) 425 평을 두고 있다. 야마테 주둔군은 그 후 상황이 호전된 뒤에도 1875년까지 계속 주둔했다.[52]

1866년의 「약서」에 기초해 야마테 공원의 개설과 공개입찰을 통한 야마테 지구의 외국인 주택지의 대여가 결정되어 야마테 거류지가 본격화되었다. 영국 공사의 주선으로 영국인 기사가 실측을 진행하고 1867년에는 「야마테 경매규칙(山手競賣規則)」이 제정되어 동년 6월 24일 처음으로 경매임대가 시작되었고 약 22만 5,000평을 여러 외국상회들이 신청하였다.[53] 이 신청에 따라 영국, 프랑스, 미국, 네덜란드,

50) 梅津章子, 「港都横浜の都市形成」, 44~46쪽
51) 横浜市, 『横浜市史 第二巻,』, 777쪽.
52) 横浜市, 『横浜市史 第二巻』, 802~803쪽.

독일의 5개국 상인에게 26개 구의 토지를 대여한 것은 동년 8월이었다. 1870년의 야마테 지구에는 가옥 부지 12만 6,140평, 그 외 공원, 도로 등을 더해 21만 3,700여 평이 조성되어 있었다.[54] 그 후에도 나머지 땅 개발과 영국·프랑스군 주둔지터·영국 공사관 터의 분할로 인해 지번이 계속 증가해 1885년에는 269번에 이르렀다.

이런 과정을 통해 조성된 요코하마 외국인거류지의 총 면적은 거류지가 폐지되기 직전인 1896년에 680개 구 40만 1,800여 평에 이르렀고 이 규모는 일본의 모든 개항장 중 가장 넓은 규모였다.[55] 이렇게 조성된 요코하마 외국인거류지의 정비된 모습은 1889년에 간행된 영문 요코하마 안내 책자에 수록된 지도[56]에서 볼 수 있다. 이 안내 책자에는 간나이 지구와 야마테 지구에 대한 지도를 따로 나누어 싣고 있는데 이를 합치면 당시 요코하마의 모습을 확연하게 볼 수가 있는 것이다. 이 지도에 따르면, 간나이 지구는 근대적인 도시로서의 정비를 끝내고 정연한 가로 구획을 갖추고 있고 일본인마을과 사이에 니혼오오도리와 정연한 관청가, 그리고 공원을 두어 일종의 방화대로 삼고 있음을 알 수 있다. 반면 야마테 지구는 간나이에 비해 거리 구획이나 가구(街區) 형태가 정연하지 못함을 볼 수 있는데, 이는 야마테 지구가 산지에 구획됨으로써 그 산지적 특성을 반영하고 있기 때문이며 오히려 다양한 서구형 주택 및 건물들이 들어섬으로써 이국적 풍경을 자아내고 있었다.

완성된 요코하마 개항장 전체의 모습은 도시공간 구성의 형태면에

53) 横浜市, 『横浜市史 第二卷』, 775쪽.
54) 川本三郎, 『横浜開港小史』, p. 80.
55) 村田明久, 「開港7都市の都市計畫に關する硏究」, 107쪽
56) YOKOHAMA(1888)(横浜開港資料館所藏, 請求記號: FA38-I②1); YOKOHAMA(1888)(横浜開港資料館所藏, 請求記號: FA38-I②2).

서 놀랍게도 식민지도시와의 유사성을 보여준다.[57] 영국이 인도의 오
랜 도시 델리 옆에 조성한 식민지도시 뉴델리는 전통적인 도시 형태
인 유기체적 패턴을 가진 델리와 뚜렷하게 대비되는 격자형 패턴으로
조성되었는데, 그 사이에 두터운 녹지대공원을 두어 소위 '방역선
(cordon sanitaire)'으로 활용하였다.[58] 영국의 대표적인 식민지 해항도
시 싱가포르도 중국인 캄퐁(Kampong)과 유럽인 시가를 분리하고 그
사이에 관청가와 공원 등을 집중시킨 두터운 '방역선'을 설치해 두었
다.[59] 요코하마 개항장 역시 전통적인 거리구획 방식으로 조성된 일
본인 마을과 격자형 패턴으로 이루어진 외국인 거류지가 대비되는 속
에 그 가운데에 관청가와 공원으로 조성된 '방화대'가 설정되어 있는
것이다. 이런 요코하마의 도시공간 구성상의 특징은 일본의 다른 개
항장과의 비교들 통해서도 두드러진다. 아래 〈그림 3-3〉은 나가사키
(長崎), 고베(神戸), 하코다테(函館), 니가타(新潟), 오사카의 가와구치
(川口), 도쿄의 쓰키지(築地) 등 당시 요코하마와 같이 건설된 일본의

---

57) 이 말은 요코하마가 단적으로 식민지도시라는 의미는 아니다. 식민지도시라고
    규정하기 위해서는 그 도시 속에서 '식민주의'라는 기본 전제 하에 "사회, 지역과
    입지, 식민화과정, 결과물로서의 도시"라는 보다 넓은 맥락들이 고려되어야 할
    것이다. 앤서니 킹, 이재용 옮김, 『도시문화와 세계체제: 문화, 공간, 역사로 읽은
    세계도시체제』, 시각과 언어, 1999, 43쪽. 이를 위해선 요코하마 개항장의 초기
    경제적 기능에 대해서 좀 더 면밀한 검토가 필요하겠지만, 이것은 본 논문의 범
    위를 벗어난다. 식민지도시 개념에 대한 간단한 논의와 정의는, 현재열·김나영,
    「비교적 전망에서 본 식민지도시의 역사적 전개와 공간적 특징」, 『석당논총』 50,
    2011, 661~662쪽 참조.
58) 飯塚キヨ, 『植民都市の空間形成』, 東京: 大明堂, 1985, 17~19쪽.
59) Robert Home, Of Planting and Planning: The Making of British Colonial Cities,
    London: E & FN Spon, 1997, p. 121의 지도 참조. 식민지도시의 특징을 포괄적으
    로 제시한 텔캄프(Telkamp)는 식민지도시의 "물리·공간적 특징"으로 본문에서
    거론된 내용을 요약해서 들고 있다. 앤서니 킹, 『도시문화와 세계체제』, 48쪽에
    서 재인용.

7대 개항장 도시를 도시공간 구성 면에서 비교한 것이다.

그림 3-3 요코하마 개항장과 여타 개항·개시장의 비교[60]

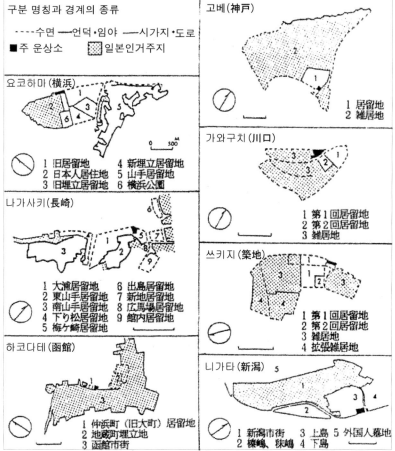

이 그림에서 볼 수 있듯이, 일본의 다른 개항도시들은 대부분 외국인 거류지와 외국인과 일본인이 섞여 사는 잡거지를 같이 하거나(고베, 가와구치, 쓰키지, 나가사키), 아예 외국인거류지가 따로 없이 잡거지로만 이루어져 있다(하코다테, 니가타). 무엇보다 이런 원칙이 개항 처음부터 적용되었으며, 개항 시 명확하게 외국인거류지와 일본인 마을을 구분하는 원칙을 세운 것은 요코하마뿐이었다.[61] 무엇보다 요코하마가 식민지도시적 특징을 가진다는 점에서 중요한 점은 다른 개항도시들에는 외국인거류지와 일본인 마을을 나누는 '방화대'의 설정이 보이지 않는다는 점이다. 요코하마만이 1866년의 대화재를 계기로 일본인들의 목조건물에 대해 불안해하던 외국인들의 의사가 적극 반영되면서 공원과 관청가로 이루어진 두터운 방화대를 조성하게 되었고, 그 앞에 주요 항구가 자리하는 식민지도시적인 면모를 갖추게 된 것이다.

이렇게 조성된 요코하마는 일본의 대표적인 대외무역 항으로서 발전하여 1872년에 인구 6만 명을 넘어섰고, 1888년에는 인구 11만 8,947명의 대도시로 성장했고 1899년의 거류지 폐쇄 시에는 인구 20만 명에 육박하는 대도시가 되었다.[62] 또한 아래 〈표 3-2〉에 보듯이, 이 시기에 외국인거류지의 인구수도 급증하여 개항 당시 45명 정도였던 외국인 수가 1885년에는 3,732명으로 늘어나서 발전했다.

---

61) 이 이유에 대해선 개항 시기 외국과 일본 간의 교섭 내용과 각 개항장 건설 간의 본격적인 비교가 필요하겠지만, 여기서는 이 글의 목적을 벗어난다고 보고 다음 기회로 미루고자 한다.

62) 「港都橫浜の人口の推移」, 『橫浜港史: 資料編』, 809쪽.

표 3-2 요코하마거류지 외국인수의 추이[63]

	영국	미국	프랑스	네덜란드	포르투갈	독일	이탈리아	덴마크	오스트리아	벨기에	스위스	스페인	러시아	스웨덴	중국	합계
1860	21	15	1	8											?	45
1861	55	38	14	20	2										?	129*
1863	117	83	26	33											?	259
1864	98	97	52	33	9	20									?	309
1868	260	80	60	70	50											570
1871	453	179	125	45	22	151	35	16	7	5	24		2	4	982	2,050
1875	620	185	127	61	27	150	19	18	15	17	23	42	16	15	?	1,335
1880	567	280	102	51	45	200	14	12	6	11	32		42	14	2,505	3,871
1885	582	228	109	36	20	160	19	25	11	4	31	5	4	16	2,487	3,732

* 1861년의 수치에는 외교관의 수가 포함되어 있지 않다.

4. 나오며

이상에서 외국인거류지와 일본인 마을로 구분되는 요코하마 개항장의 건설과정을 도시계획적 측면에서 살펴보았다. 이를 요약하면 다음과 같다. 이것은 일본 최초의 개항도시 요코하마가 가진 특성이라고도 할 수 있을 것이다.

첫째, 요코하마의 개항장 선정은 외국의 개항 요구에 떠밀려 개항하지만 외국인들을 고립시킬 목적으로 데지마와 같은 거류지를 만들려는 의도로 이루어졌다.

둘째, 하지만 그러하기에 오히려 요코하마 개항장의 도시 정비는 근대 도시계획의 요소를 갖추게 되었다. 비록 일본인 마을의 경우는

---

63) 澤護,「橫浜居留地のフランス社會(1)」,『敬愛大學硏究論集』44, 1993, 133쪽의 표 1과 藤岡ひろ子,「外國人居留地の構造－橫浜と神戸-」,『歷史地理』44, 1992, 63쪽의 표 3에 기초하여 재작성.

전통적인 일본의 거리구획 방식을 따랐지만, 외국인거류지는 외국인 기사의 주도로 당시 서구의 도시계획과 도로 정비 방식을 그대로 채용해 사용함으로써 일본 최초의 근대적 도시계획의 시행이라는 결과를 낳았다.

셋째, 특히 1866년의 대화재로 인해 체결된 「横浜居留地改造及び競馬場 · 墓地等約書」에 기초해 진행된 외국인거류지의 정비는 중앙 방화대로서 공원과 중앙가로, 관청가의 설치를 진행하여 일반적으로 식민지도시에서 볼 수 있는 도시공간적 특징을 보여주고 있다. 즉, 뉴델리나 싱가포르 같은 식민지도시들에서 보이는 외국인거류지와 원주민 거리의 공간적 격리와 그 가운데에 두터운 '방역대'의 설치 구도가 요코하마에서 그대로 나타나고 있는 것이다. 그에 더해 요코하마의 도로정비 과정에서는 자갈 · 쇄석 포장 방식과 차도와 보도의 분리 원칙을 시행하여 근대적 도로 부설의 원칙을 확립하였다.

넷째, 이러한 특성은 요코하마 개항장의 도시 형태를 일본의 여타 개항장의 도시형태와 비교해 보아도 뚜렷이 알 수 있다. 위 〈그림 3-3〉에서 살펴보았듯이 요코하마는 다른 개항장들에 비해서도 중앙 '방화대'의 설정이라는 특징적인 도시공간 구성을 보여주며, 이것은 요코하마의 도시공간 구성면의 특징이 식민지도시적이었음을 드러낸다.

요코하마의 도시형성 과정을 전체적으로 정리한 우메즈 아키코(梅津章子)는 "외국인에 의해 최초로 근대도시계획이 도입된 도시"라는 점을 요코하마의 가장 큰 특징으로 꼽았다.[64] 그의 말은 요코하마의 도시형성을 한 마디로 규정하고 있다고 생각된다. 요코하마는 일본 근대도시계획의 출발점에 있는데, 그 계획의 도입과 시행은 외국인에

----

[64] 梅津章子, 「港都横浜の都市形成」, 17쪽.

의해 이루어졌고, 도시공간적 측면에서 식민지도시의 특징을 한껏 갖고 있다는 것. 이것이 요코하마 개항장 건설과정을 살펴보면서 가장 눈에 띠는 점이었다. 흥미로운 것은 이러한 요코하마의 개항과 도시 발전과정이 일본의 제국적 진출, 특히 조선 진출 및 부산 전관거류지 확보 과정과 같은 시기였다는 것이다. 이런 점에서 요코하마 개항의 경위와 거류지 건설과정, 서구 근대도시계획의 도입과 시행과정, 그리고 그 식민지도시적인 도시공간적 특징을 부산이나 인천 같은 곳의 개항과 거류지 건설과정, 도시공간적 특징과 비교해 볼 필요성이 제기되는 것이다.

제4장

조카마치(城下町)에서

제국 해항도시로

-오사카(大阪)의 근대 도시공간으로의 전환-

제4장
조카마치(城下町)에서
제국 해항도시로
-오사카(大阪)의 근대 도시공간으로의 전환-

1. 들어가며

이 장에서 살펴볼 도시는 오사카이다. 오사카는 일본의 전통적인 도시형태인 조카마치의 구조를 가지고 있었으며 아울러 중세 시기부터 근세에 이르기까지 일본에서 경제적으로 가장 번성한 도시였다. 이 도시가 제국일본으로의 전환기를 맞이하여 근대도시로 전환해 간 과정은 그 자체로 도시사 연구자들의 큰 흥미를 자아낼 수 있는 사례일 것이다. 하지만 이 도시의 근대적 도시공간 형성과정 역시 나름의 특수성을 지니고 전개되었기에 이를 통해 근대 일본 도시사의 특성 중 하나를 살펴볼 수 있을 것이다.

1868년 메이지 유신이 시작된 이래 일본의 도시에서는 정부의 부국강병·식산공업·문명개화의 정책 아래 교통기관과 가로, 도시시설

건설 등의 도시정비가 진행되었다. 도쿄의 긴자벽돌거리(銀座煉瓦街)
건설로 대표되는 메이지 초기의 도시정비는 서양의 도시공간을 모범
으로 한 가로·건축물의 건설을 통해 국가·도시의 문화에 대한 인상
을 쇄신하고자 하였다.[1]

일본의 도시 중에서도 오사카는 근세 때부터 상업의 중심지로서 흥
하였고, 메이지 시기 이후로는 면방적업을 비롯해 근대산업을 발전시
켜 왔다.[2] 도시정비의 면에서는 메이지 시기에는 교통기관과 항만시
설, 공공시설 등 도시기반·도시시설이 정비되었지만,[3] 광역적인 영
역을 대상으로 한 체계적인 정비사업은 실시되지 않고 시가지는 대부
분 약 3간(間)[4]에서 약 4간(약 5.9~7.9미터)의 협소한 폭의 가로로 구
성된 근세 이래의 상태가 유지되었다.[5] 그러나 1920년 도시계획법이
시행됨에 따라 오사카 시에서는 1921년에 실시가 결정된 제1차도시계
획사업을 통해 약 45미터의 폭을 가진 미도스지(御堂筋) 가로를 필두
로 하는 42개 노선의 가로건설 및 노면포장·노폭정리·교량건설을
통해 기성 시가지의 재정비가 진행되었다.[6] 그에 더해 1925(다이쇼
14)년에 실시된 제2차시역확장을 통해 인구·면적 모두 도쿄시를 빼
고 일본 최대의 도시가 됨과 동시에,[7] 1920년대 말부터는 복수의 도

1) 메이지 시기에 실시된 긴자 벽돌거리·로쿠메이칸(鹿鳴館)의 건설은 도시기반의
　정비를 통해 일본에 대한 외국의 인상을 변화시키고자 하는 의도로 진행되었다.
　藤森照信, 『明治の東京計畵』, 岩波書店, 2004, 1~55쪽과 321~325쪽.
2) 芝村篤樹, 『日本近代都市の成立─1920年·30年代の大阪』, 松籟社, 1998, 31~42쪽.
3) 大阪都市協會大阪市都市住宅史編集委員會 編, 『まちに住まう─大阪都市住宅史』,
　平凡社, 1989, 251~256쪽.
4) 일본의 전통적 길이단위인 間은 일반적으로 1.81미터(6척) 정도였는데, 오사카에
　서는 1.97미터(6.5척)였다.
5) 『まちに住まう─大阪都市住宅史』, 271~273쪽.
6) 大阪市史編纂所 編, 『大阪市の歷史』, 大阪: 創元社, 1999, 275~278쪽.
7) 위의 책, 279쪽.

시계획사업이 점차 진행되었다.[8] 이와 같이 다이쇼 시기 이래의 오사카는 도시영역의 확대 및 도시계획에 기초한 체계적인 도시정비를 통해 근대도시로서의 도시공간 변화를 겪었다. 아울러 오사카에서는 근세 시가지의 대부분을 차지하던 초닌지(町人地)가 다이쇼·쇼와 초기에 공적인 주체에 의한 정비대상지로 됨으로써 부케지(武家地)가 대부분을 차지하던 도쿄와는 다른 독자적인 도시형성을 수행했다고 할 수 있다.[9]

이렇게 근세 시기 조카마치의 대표적 도시공간에서 근대적 산업도시로 변모해 간 오사카는 도시사나 건축 및 도시계획 연구 분야에서 당연히 많은 주목을 받았고 상당한 연구성과가 축적되었다. 역사학 분야에서 대표적인 도시사 연구성과로 시바무라 아쓰키(芝村篤樹)의 『일본 근대도시의 성립－1920·30년대의 오사카(日本近代都市の成立－1920年·30代の大阪)』를 비롯해 여러 연구성과가 있고,[10] 오사카 도시의 문화사적 연구성과도 꽤 많이 산출되었다.[11] 그럼에도 비록

---

8) 大阪市土木部, 『大阪都市計畵並同事業輯覽』, 大阪市土木部, 1937, 46~65쪽.

9) 근세에 도시 면적의 약 68 퍼센트가 부케지이며 초닌지가 차지하는 비율이 적었던 도쿄에 비해, 오사카의 시가지는 80 퍼센트 이상을 초닌지가 차지하고 있었다. 『まちに住まう－大阪都市住宅史』, 251~252쪽.

10) 芝村篤樹, 『日本近代都市の成立－1920年·30年代の大阪』; 橫山好三, 『大阪都市形成の歷史』, 京都: 文理閣, 2011; 大谷渡 編, 『大阪の近代－大阪市の息づかい』, 大阪: 東方出版, 2013. 일본 도시사 연구성과를 찾아보기 힘든 국내에서도 오사카에 대한 연구성과가 있다. 박진한, 「근대도시 오사카의 도시계획론과 도시계획사업」, 박진한 외 저, 『제국 일본과 식민지 조선의 근대도시 형성』, 서울: 심산, 2013, 52~80쪽; 김나영·현재열, 「제국 테크노크라트의 도시사상: 오사카 시장 세키 하지메의 도시 및 도시계획관」, 『동북아문화연구』 45, 2015, 405~423쪽. 아울러 오사카와 도쿄 및 다른 도시를 비교하여 그 성격을 밝히는 연구성과도 나와 있다. 原武史, 『「民都」大阪對「帝都」東京－思想としての關西私鐵』, 東京: 講談社, 1998; 橋爪紳也, 『モダン都市の誕生－大阪の街·東京の街』, 東京: 吉川弘文館, 2003; 五木寬之, 『隱された日本 大阪·京都－宗敎都市と前衛都市』, 東京: 筑摩書房, 2014.

부분적으로 특정 시간과 공간에 집중하여, 특히 조카마치에서 근대도
시로의 변화 국면에 집중하여 도시공간 변화를 추적하는 연구들이 제
출되어 있지만,[12] 이 시기 전체에 걸쳐 오사카 도시공간의 변화과정
과 정비과정을 체계적으로 정리한 연구는 보기 힘들다.[13]

　도쿄와 달리 근대 일본의 전형적인 산업도시로서 성장하였고, 그런
의미에서 일본의 '맨체스터'라고 불리기도 하는[14] 오사카의 전체적인
도시사적 이해를 위해서는 조카마치에서 근대도시로 전환해 가는 공
간적 변화와 그 정비과정에 대한 전체적 정리가 반드시 필요하다고

---

11) 加藤政洋, 『大阪のスラムと盛り場』, 大阪: 創元社, 2002; 橋爪紳也 編, 『大大阪イ
　　メージ』, 大阪: 創元社, 2007; 大阪府立文化情報センター・新なにわ塾叢書企畫委
　　員會 編, 『水都大阪盛衰記』, 大阪: ブレーンセンター, 2009. 한편 오사카의 경우
　　에는 오사카 '도시관(都市觀)' 또는 '도시상(都市像)'의 변천에 대한 연구도 두드러
　　진다. 鎌田道隆, 「大坂觀の近世的展開」, 『奈良史學』 6, 1988, 1~28쪽; 吉本憲生
　　外, 「昭和10年前後の大阪驛周邊整備を巡る訴訟にみられる地域像の樣相」, 『日本
　　建築學會計畫係論文集』 689, 2013, 7, 1677~1685쪽; 吉本憲生, 「大正・昭和初期の
　　都市整備に伴う近代大阪としての都市像形成に關する研究」, 東京工業大學 工學
　　博士學位論文, 2014.
12) 中澤誠一郎 外, 「近世初期に於ける大阪の市街形態」, 『日本建築學會論文報告集』
　　54, 1956, 721~ 724쪽; 松浦茂樹, 「近代大阪築港計畫の成立過程－ブラントンから
　　デレーケまで-」, 『土木學會論文集』 425, 1991, 203~211쪽; 三浦要一・谷直樹, 「幕
　　末期から昭和初期にかけての大阪船場の宅地割の變容」, 『大阪市立大學生活科學
　　部紀要』 42, 1994, 85~92쪽; 和田康由, 「大阪の近代長屋について」, 『大阪市立住ま
　　いのミュージアム研究紀要・館報』 第1號 平成13・14年度, 2003, 6, 19~30쪽; 龜井
　　伸雄, 「近代都市のグランドデザイン」, 『日本の美術』 471, 2005, 8, 62~74쪽; 藤原
　　玄明, 「長屋の近代都市大阪－摸索する都市計畫から'近代長屋'の成立へ」, 『法政大
　　學大學院デザイン工學研究科紀要』 2, 2013, 115~121쪽; 島田克彦, 「近代大阪にお
　　ける市街地周辺部の開發と社會變動」, 『都市文化研究』 16, 2014, 92~102쪽.
13) 1989년에 나온 大阪都市協會大阪市都市住宅史編集委員會 編, 『まちに住まう－
　　大阪都市住宅史』는 오사카 도시공간 변화의 추이를 얼마간 담고 있다. 그렇지만
　　여러 건축 및 도시 연구자들이 모여 집필한 이 저작도 제목에서 드러나듯이 "도
　　시주택"의 건설의 역사에 초점을 맞추고 있다.
14) 小田康德, 『近代大阪の工業化と都市形成』, 東京: 明石書店, 2011, 11~22쪽.

생각한다. 이런 점에서 아래에서는 조카마치 시기로부터 19세기를 거쳐 도시계획법의 시행에 따라 도시정비를 수행하는 20세기 초까지의 오사카 도시공간의 변화와 도시정비 과정을 정리하여 그 특색을 밝히고자 한다. 이를 위해 조카마치에서 19세기 근대도시로의 공간적 변화에 대해서는 관련 자료와 지도 자료를 통해 정리하고, 1919년 도시계획법 시행 전후의 도시정비에 대해서는 20세기 초의 도시계획관련 기본 자료15)를 통해 정리해 나갈 것이다.

2. 조카마치 오사카의 근세 시기 공간 변화

근세 오사카(大坂)는 도매상과 거간꾼이 집중되고 거기에 각 번(藩)의 쿠라야시키(蔵屋敷)가 설치되어, 전국에서 물자가 모여드는 유통 중심지로서 번성했다.16) 도시개발로서는 1583년에 도요토미 히데요시(豊臣秀吉)가 오사카 성 축성을 기공한 이래 점차 그 주변이 개발되었다.17) 구체적으로는 東横堀川・天満堀川・阿波座堀川・西横堀川・道頓堀川가 1594년에서 1612년에 걸쳐서 착공되었다. 이어서 도쿠가와(德川) 막부의 통치 시기에는 우선 1617년에 江戸堀川가 건설되었

---

15) 大阪市土木部, 『大阪都市計畫竝同事業輯攬』와 大阪市, 『第一次大阪都市計畫事業誌』, 大阪市, 1944를 말한다. 『大阪都市計畫竝同事業輯攬』는 오사카시 최초의 도시계획인 오사카 시구개정설계(大阪市區改正設計)가 내각의 인가를 받은 1919년부터 1937년까지 계획 실시된 도시계획 및 도시계획사업의 개요와 실시내용을 담고 있고, 『第一次大阪都市計畫事業誌』에는 1944년까지 계획 실시된 도시계획 및 도시계획사업의 개요가 수록되어 있다. 근세 조카마치 부분은 기본 지도 외에 다른 2차문헌들을 참고하였다.

16) 『まちに住まう－大阪都市住宅史』, 148~151쪽.

17) 仁木宏, 「豊臣期大坂城下町の歴史的位置」, 『市大日本史』 4, 2001, 21~33쪽.

그림 4-1　17세기 말의 조카마치 오사카[18]

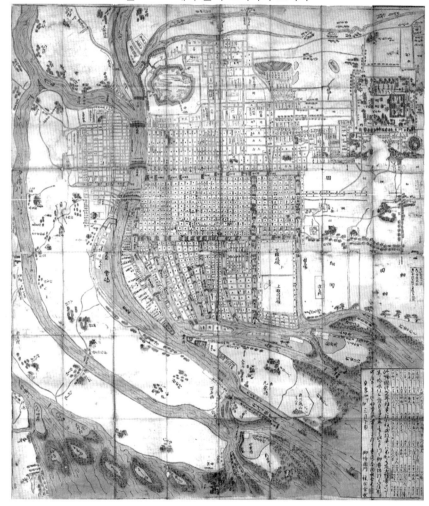

고, 이어서 1619년 오사카가 도쿠가와 막부의 직할도시가 된 뒤에는

18) 「新撰增補攝州大坂大繪圖」(1687), 林吉永板, 貞享4年(大阪歷史博物館所藏)(사본 필자 소장).

京町堀川·長堀川·立賣堀川·海部堀川·薩摩堀川·堀江川가 1619년에서 1698년에 걸쳐서 착공·완성되었다.[19] 이와 같이 점차 오사카 성 주변 지역에 물길을 뚫음으로써 수로로 둘러싸인 시가지가 조성되었고 근세도시로서의 골격이 완성되었다.

이상의 과정을 거쳐 형성된 근세도시 오사카의 도시영역을 〈그림 4-1〉에서 보면, 근세 오사카를 구성하는 부케지(武家地)·테라마치(寺町)·초닌지(町人地) 중 부케지는 오사카 성 주변으로 정해져 있는 한편 테라마치가 그 남부에 위치하고 있다. 또한 부케지·테라마치의 서쪽에는 초닌지가 퍼져 있어, 조카마치의 대부분(80퍼센트 이상)이 초닌지였음을 알 수 있다. 에도에서는 부케지가 68퍼센트를 차지했음을 고려하면, 초닌지로 대부분이 형성되었던 점에서 오사카는 특수한 도시였다고 할 수 있다.

다음으로 초닌지를 살펴보면, 그림에서 보듯이 초닌지는 오사카 성의 서쪽으로 펼쳐져 있고 그러한 영역은 호리(堀)로 나누어져 있다. 전술했듯이, 수로를 내는 일은 도요토미 히데요시의 치세기에서 도쿠가와 막부의 치세기에 걸쳐서 실시되었으며, 그 중 도요토미 히데요시 치세기에는 東橫堀川·天滿堀川·阿波座堀川·西橫堀川·道頓堀川이 개착되었고 그를 통해 센바(船場)·텐마(天滿) 지역이 형성되었다. 나아가 도쿠가와 막부 치세기에는 京町堀川·長堀川·立賣堀川·海部堀川·薩摩堀川·堀江川이 개착됨으로써 니시센바(西船場)·시마노우치(島之內)·신마치(新町)·호리에(堀江) 지역이 형성되었다.[20]

이러한 초닌지에서는 도로를 끼고서 줄지어 세워진 초가(町家)로 구성된 초(町)를 단위로 해 자치가 행해졌다. 구체적으로는 초마다의

19) 『まちに住まう－大阪都市住宅史』, 111~113쪽..
20) 中澤誠一郎 外, 「近世初期に於ける大阪の市街形態」, 721~724쪽.

독자적인 규정인 초시키모쿠(町式目)을 가졌고, 회합에서 합의에 의해 초의 운영이 진행되었으며, 방화·소방 사업과 도로·도랑(溝)·다리 등의 기반시설을 관리했다.[21] 또한 각각의 초에는 동업자 집단이 집단적으로 거주하는 경우가 많이 보였다. 이와 같이 지연(地緣)을 통한 공동체로서의 성격을 가진 초는 상위 집단인 텐마구미(天滿組)·키타구미(北組)·미나미구미(南組), 이 3개 마치구미(町組) 중 하나의 지휘 감독을 받았다.[22] 3개의 마치구미 중 텐마구미에는 오오가와(大川)에서 북쪽에 위치한 초들이, 키타구미에는 오오가와에서 센바 중앙을 동서로 뻗어있는 혼마치도리(本町通り)까지에 위치하는 초들이, 미나미구미에는 혼마치도리 남쪽의 초들이 각각 속했다.[23] 이와 같이 초닌지에서는 지연공동체로서의 초가 3개의 마치구미에 의해 통제된다는 점에서, 계층적으로 도시영역이 형성되었다.

이러한 도시영역에 거주한 인구는 부케지를 제외한 전체 인구가 1634년에 약 40만 명이었는데, 1665년에는 약 27만 명으로 감소하였다. 그러나 그 후 증가해 1765년에 42만 명으로 되었다. 그 후 다시 인구는 감소해 1855년에는 32만 명이 되고 있어, 근세 오사카의 인구는 약 30만에서 40만 명 사이에서 이루어졌다고 할 수 있다. 한편 근세 오사카 내 부케지 인구는 약 8,000명이었다고 추정된다.[24]

이와 같이 근세 오사카에서는 시가지의 대부분이 초닌지로 구성됨과 함께 인구 면에서도 초닌이 대세를 차지했다. 또한 초닌지는 지리적으로는 호리로 분리되어 있음과 동시에 개개의 지역에는 지연공동

---

21) 『まちに住まう－大阪都市住宅史』, 123~125쪽과 189~190쪽.
22) 위의 책, 115~116쪽. 이를 일컬어 '오사카 삼향(大坂三鄕)'이라 한다.
23) 『大阪市の歷史』, 150~153쪽.
24) 吉本憲生, 「大正·昭和初期の都市整備に伴う近代大阪としての都市像形成に關する研究」, 16~17쪽.

체인 초에 의해 자치가 행해졌다.

다음으로 근세 오사카의 시가지를 구성한 가로망을 소위 '나니와(浪花)의 번성기'였던 19세기 초를 기준으로 살펴보자(그림 4-2 참조). 19세기 초에도 오사카는 기본적으로 위의 근세기 조카마치 형태를 유지하고 있다. 즉 도시영역의 대부분은 초닌지로 구성되었고, 그것들은 도요토미 히데요시 치세기에 형성된 우에마치(上町)·텐마·센바와, 도쿠가와 막부 치세기에 형성된 니시센바·시마노우치·호리에 등의 지역으로 나뉘어졌다.

우선 도요토미 히데요시 치세기에 형성된 지역에 대해서 보면, 먼저 텐마는 1585년 혼간지(本願寺)의 텐마 사찰 내 마을(寺內町)로 정비가 개시되었고 그 가로구획은 남북으로 긴 가구로 구성되었다. 또한 초가의 정면은 남북의 가로로 향해져 있어, 남북방향을 주된 교통경로로 하고 있었다. 한편 우에마치에서는 주로 동서로 긴 가루로 가로구획이 구성되었고 동서의 가로로 초가의 정면이 향해 있었다. 아울러 센바에서는 대부분이 사방 약 79미터(40간)의 가구에 의해 격자 형태의 가로구획이 구성되어 있으면서, 동서의 가로에 초가의 정면이 향해 있었다.[25]

우에마치·센바의 가로 폭은, 우에마치의 경우 동서·남북의 가로 모두 주로 약 5.9미터(3간)이며, 센바에서는 가로는 동서의 가로가 약 7.9미터(4간), 남북의 가로는 약 5.9미터였다. 또한 이러한 지역들의 가로 내에서 센바의 고라이바시도리(高麗橋通り)는 교토와 오사카를 연결하는 교카이도(京街道)에서 시가지로 들어오는 경유지인 동시에, 오사카와 니시노미야(西宮)를 연결하는 츄고쿠카이도(中國街道)의 일

---

[25] 三浦要一·谷直樹,「幕末期から昭和初期にかけての大阪船場の宅地割の變容」, 85~92쪽.

그림 4-2 19세기 초의 오사카[26)

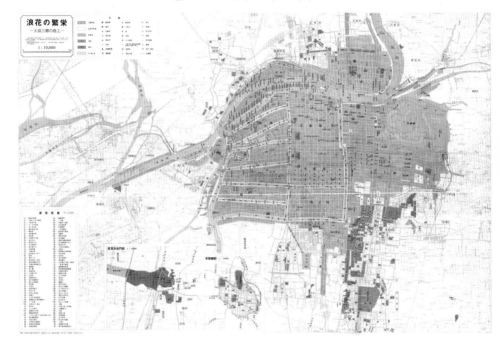

부로서[27)] 교통의 중심지였다. 이곳의 연도에는 포목점·환전상들이 늘어서 있고 크게 번성했다고 한다. 이와 같이 고라이바시도리는 교통·경제의 중심을 맡는 가로였다. 한편 동서방향의 주요 가로인 고라이바시도리에 비해, 남북방향의 주요 가로로는 센바의 사카이스지(堺筋)를 들 수 있다. 사카이스지는 동서방향의 도리마다 형성된 각 동업자 초를 남북으로 관통하는 것으로 다양한 노점이 줄지어 서있었

---

26) 「浪花の繁榮－大坂三鄕の商工-」(1989)(19세기 초의 오사카 복원도)(大阪都市協會 大阪市都市住宅史編集委員會 編, 『まちに住まう－大阪都市住宅史』, 平凡社의 별책부록).
27) 『まちに住まう－大阪都市住宅史』, 125쪽.

다.[28)]

　한편 도쿠가와 막부의 치세기에 형성된 지역 중 센바의 서쪽에 위치한 니시센바(西船場)에는 동서방향의 가로로 초가(町家)의 정면이 향하는 초(町)가 많은 한편으로 센바의 남쪽에 위치하는 시마노우치(島之內)에는 남북가로로 초가의 정면이 향하는 초가 많았고, 센바에 이르는 방향의 가로로 정면이 향하는 경향이 있다.

　이와 같이 오사카 성의 북쪽에 위치하는 텐마에서는 남북방향의 가로를 주요 교통경로로 삼는 한편으로 오사카 성의 서쪽에 형성된 여러 지역에서는 동서방향의 가로를 교통의 주요로로 삼고 있어, 오사카 성에 이르는 방향의 가로가 중시되었던 식으로 가로망 및 가로구획(町割)이 형성되었다. 아울러 그 가로망에서는 주변도시에 이르는 가로에 접속하는 센바의 고라이바시도리가 경제·교통의 중심으로 기능하였다.

3. 근대 오사카 도시공간의 확대와 정비

　1867년 메이지 정부가 성립되고 1868년 오사카부(大阪府)가 설치되었다.[29)] 오사카의 자치영역으로서는 근세에 형성된 오사카 산고(大坂三鄉)가 1869년에 폐지되고 새로이 히가시오구미(東大組), 니시오구미(西大組)·미나미오구미(南大組)·키타오구미(北大組)로 행정구가 설치되었다. 그 후 몇 차례 행정구획의 변경을 거쳐 1889년에 오사카 시제(市制)가 제정됨에 따라 4개 구의 행정구로 구성되는 오사카 시역

---

28) 위의 책, 133~134쪽.
29) 『大阪市の歷史』, 228쪽.

이 제정되었다.[30] 하지만 새로 제정된 시역은 근세 오사카 삼향과 영역이 같았고, 근세 말에서 시제 시행 시기에 걸쳐 오사카의 도시영역은 거의 변화하지 않았다(그림 4-3 참조).

그림 4-3 오사카의 시역 확장[31]

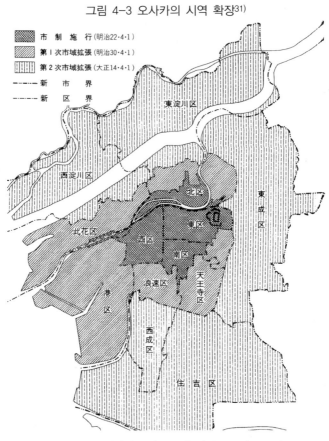

* 메이지 22년=1889년, 메이지 30년=1897년, 다이쇼 14년=1925년.

30) 大阪市, 『明治大正大阪市史』, 第1卷, 大阪市, 1935, 56~57쪽.
31) 『大阪市の歷史』, 77쪽에 수록된 지도 인용.

그 후 1897년에 오사카 시역은 확장되어,[32] 1874년에 문을 연 오사카 역이 위치한 우메다(梅田)와 시가지 서쪽에 위치한 오사카 항이 시역으로 편입되었다. 이 시역확장의 동기는 시내에 예측되는 금후 상공업의 발전에 비해 현재 구역이 협소하다는 점, 현재 시역 밖에 오사카 시민이 설립한 회사가 다수 존재하고 있다는 점, 그리고 시가 계획하고 있는 축항사업의 대상지가 시역 밖에 위치하고 있다는 점이었고, 시역 확장을 통해 시내의 경제활동 및 축항사업의 추진을 의도하였다.[33]

또한 오사카 시제가 제정된 1889년부터 메이지 말기인 1911년까지 오사카시 인구의 변천을 보면, 1889년부터 1895년까지는 약 48만 명이었음에 비해, 1897년 이후 인구가 증가하기 시작해 1911년에는 약 133만 명이 되고 있다. 아울러 같은 시기에 시가지 역시 확대되었다.

표 4-1 메이지 시기 오사카의 인구[34]

연호	년도	서력(년)	인구	연호	년도	서력(년)	인구
메이지	22	1889	472,247	메이지	34	1901	951,496
메이지	24	1891	483,179	메이지	36	1903	1,026,767
메이지	26	1893	484,130	메이지	38	1905	1,117,151
메이지	28	1895	488,666	메이지	40	1907	1,217,765
메이지	30	1897	758,285	메이지	42	1909	1,239,373
메이지	32	1899	849,171	메이지	44	1911	1,331,994

이상과 같이 근세 말에서 메이지 중기까지는 오사카의 도시영역이

---

32) 『明治大正大阪市史』, 제1권, 56쪽.
33) 松浦茂樹, 「近代大阪築港計畵の成立過程－ブラントンからデレーケまで-」, 203~211쪽.
34) 吉本憲生, 「大正・昭和初期の都市整備に伴う近代大阪としての都市像形成に關する研究」, 56쪽.

변화하지 않았음에 비해, 1897년 전후부터 인구가 증가하면서 행정영역·시가지가 모두 확대되어 갔다.

1888년 근대 일본 최초의 도시계획법규인 도쿄 시구개정조례가 제정되었지만, 그것은 오사카와는 무관한 일이었다. 1897년 제1차 시역 확장 후 오사카에서는 몇 차례 시역 전체를 대상으로 한 간선도로망과 운하·임해정차장·공원의 정비계획안이 구상되었지만, 재원부족과 법적 근거의 미비를 이유로 실시되지는 못했다.[35] 그렇지만 한편으로 상하수도의 정비와 시영노선전차(이하 '시전[市電]'이라 한다)의 부설과 그에 따른 도로 확장공사가 진행되었다. 시전사업은 1903년에 축항 진흥을 목적으로 시가지와 시가지 서부에 위치하는 오사카 항을 연결하는 노선전차의 노선을 부설하면서 시작되었지만, 그 후 시가지의 공공교통기관으로서 점차 노선을 확장하였다.[36] 앞서 말했듯이, 근세에 형성된 시가지의 가로의 다수는 약 3간에서 4간의 폭이었기 때문에, 노선부설에 따른 가로 폭 확장이 실시되었다.

시전사업[37]은 1903년에 하나조노바시(花園橋)와 칫코산바시(築港棧橋)를 연결하기 위한 경로로서 한 개 노선이 부설되었다. 그 후 메이지에서 쇼와 초기를 통해 점차 노선이 추가되어 전쟁 전에는 1943년까지 모두 47개 노선에 의한 가로망이 형성되었고 이 중 메이지 시기에 11개 노선이 개통되었다. 이 노선들은 약 15.8미터(8간)에서 약 35.5미터(18간) 폭의 가로에 부설되었다. 그 중 35.5미터(18간)의 폭을 가진 가로 상의 노선은 하나, 23.6미터(12간)의 폭을 가진 가로 상의

---

35) 『まちに住まう─大阪都市住宅史』, 316~317쪽.
36) 『明治大正大阪市史』, 第1卷, 313~314쪽.
37) 이하 메이지 시기의 시전 사업과 그로 인한 가로 폭 확장 사업에 대해서는, 大阪市 編, 『大阪市域擴張史』, 大阪市, 1935, 794~805쪽의 내용에 기초하여 정리했다.

노선은 네 개이며, 나머지 여섯 개의 노선은 19.7미터(10간) 혹은 15.8
미터의 가로에 부설된 것이다. 또한 이들 중 35.5미터의 가로 상의 노
선인 칫코센(築港線)은 기성 가로 위에 궤도를 부설한 것이며, 가로
폭 확장은 실시되지 않았다. 이것은 해당 노선이 시가지의 중심에서
벗어난 지역에 위치했기 때문이라고 생각된다. 또한 위에서 말한 23.6
미터의 가로 위에 부설된 네 개의 노선은 시가지 중심의 협소한 가로
폭을 확장하여 부설한 것이며, 이 네 곳은 시전부설·가로 폭 확장으
로 인해 시가지 내 주요 교통경로로서 기능했다고 생각된다. 이 네 개
의 노선 중 난보쿠센(南北線)·소네자기텐마바시스지센(曾根崎天滿橋
筋線)은 경로의 일부만이 폭을 확장했음에 비해, 사카이스지센(堺筋
線)·기타하마센(北濱線)에 면한 가로는 경로 전체를 23.6미터로 폭을
확장시켰다. 아울러 이 사카이스지센·기타하마센 중에서도 기타하마
센이 동서방향으로 499미터의 범위로 부설된 짧은 노선이었음에 비
해, 사카이스지센은 남북방향으로 총길이 3,959미터의 노선이어서, 사
카이스지센은 시가지 중심을 남북으로 관통하는 교통축으로 기능했
다. 실제로 다이쇼 시기에는 사카이스지의 연도에 백화점이 네 개 집
중되어 이곳이 상업 중심지가 되었다.[38] 근세의 사카이스지는 시가지
의 주요 가로인 동서방향의 고라이바이도리에 종속된 남북의 주요 도
로였던 점을 생각하면, 메이지 시기 오사카의 도시축은 종전의 동서
방향에서 남북방향으로 재편성된 것 같다.

---

[38] 『明治大正大阪市史』, 第1卷, 320쪽.

4. 도시계획사업의 본격적 시행과 도시공간의 현대적 정비

1897년의 제1차 시역확장 후 메이지 말에 행해진 요도가와(淀川) 개수공사에 따라[39] 시역 밖 북쪽 지역에서 시가지화가 진행되었다. 또한 시역 밖의 동쪽·남쪽 지역에서도 다이쇼 3년(1914년)에 일어난 제1차세계대전에 수반한 공장 수의 증가로 인해 급속하게 시가지화하였다.[40] 이러한 시역 밖의 지역에서는 정촌(町村) 재정의 부족으로 인해 교육시설과 상하수도설비의 정비가 지체되었고, 오사카시로의 편입을 통한 정비의 진전을 바라고 있었다. 그래서 다이쇼 4년 오사카시에서는 당시 오사카시 조역(助役)이었던 세키 하지메(關一)을 위원장으로 한 시구경계변경조사회(市區境界變更調査會)가 조직되었다.[41] 세키 하지메는 도시계획의 대상지역과 시역을 연관시키고 장래의 정비대상지인 농촌지대를 포함한 지역을 시역으로 편입할 필요성을 주장하였다.[42] 이와 같은 구상에 기초해 1924년에 오사카 시역에 인접한 히가시나리군(東成郡)·니시나리군(西成郡) 전역을 오사카 시역으로 편입하는 것을 내무성이 허가하였다.[43] 1925년에 실시된 제2차 시역확장 후의 시역은 위 〈그림 4-3〉에 제시되었다. 이 확장으로 인해

39) 『大阪市の歷史』, 267~268쪽. 한편 메이지 초기부터 오사카 축항의 필요성이 정부에 의해 주장되었지만, 재원 및 정부 내 의견 대립으로 인해 축항사업은 진전되지 못했다. 그 후 1888년 오사카 시가 제정됨으로써 축항은 시 사업으로 구상되어 1897년에 축항공사가 기공되었고 1903년에 문을 열었다. 松浦茂樹, 「近代大阪築港計畵の成立過程-ブラントンからデレーケまで-」, 203~211쪽.
40) 島田克彦, 「近代大阪における市街地周辺部の開發と社會變動」, 93~95쪽.
41) 『大阪市域擴張史』, 172쪽.
42) 위의 책, 173~174쪽.
43) 위의 책, 325쪽.

시역의 면적은 종전의 시역 면적인 58.45평방킬로미터의 약 3.1배인
181.68평방킬로미터가 됨과 동시에 인구도 약 211만 명으로 되어, 오
사카시는 인구·면적 모두에서 일본 최대의 도시가 되었다.[44]

그러면 다이쇼 원년 1912년부터 1940년까지 오사카시의 인구 변천
을 살펴보자. 해당 시기의 인구 변천을 보여주는 〈표 4-2〉를 보면,
1912년에는 약 133만 명이며 그 후 1924년에는 약 143만 명으로 시역
확장 이전까지는 인구상에 큰 변화는 일어나지 않았다. 하지만 1925
년의 시역 확장으로 인해 인구가 약 211만 명으로 된 뒤 쇼와 시기에
들어서면 인구는 계속 꾸준히 늘어 1940년에는 약 325만 명이 된다.

표 4-2 다이쇼·쇼와 초기의 오사카 인구[45]

연호	년도	서력(년)	인구	연호	년도	서력(년)	인구
다이쇼	원	1912	1,331,994	쇼와	원	1926	2,186,900
다이쇼	3	1914	1,424,596	쇼와	3	1928	2,333,800
다이쇼	5	1916	1,508,577	쇼와	5	1930	2,453,573
다이쇼	7	1918	1,583,650	쇼와	7	1932	2,586,300
다이쇼	9	1920	1,296,200	쇼와	9	1934	2,722,700
다이쇼	11	1922	1,341,000	쇼와	11	1936	3,101,900
다이쇼	13	1924	1,431,500	쇼와	13	1938	3,321,200
				쇼와	15	1940	3,252,340

한편 시역 확장 이래의 시가지는, 1930년대로 가면서 새로운 시역
에 편입된 지역 중에서도 동쪽과 남쪽 지역에서 시가지가 확장되어

---

44) 이때 오사카가 도쿄를 제치고 일본 최대 도시가 된 것은, 간토대지진으로 인한
피해와 도쿄의 시역 확장이 지체되었기 때문이기도 하다. 도쿄는 1932년 시역 확
장을 하면서 오사카를 다시 제치고 일본 최대 도시가 되었다. 芝村篤樹, 『日本近
代都市の成立 - 1920年·30年代の大阪』, 109~110쪽.
45) 吉本憲生,「大正·昭和初期の都市整備に伴う近代大阪としての都市像形成に關す
る研究」, 57쪽.

갔다. 이와 같이 다이쇼 · 쇼와 초기의 오사카에서는 다이쇼 시기에 장래 시가지의 확장을 예상한 시역 확장이 실시됨과 동시에, 쇼와 초기에는 당초의 구상에 따르듯이 인구의 증가와 시가지의 확장이 진전되는 과정이 확인된다.

한편 메이지 시기부터 시작된 시전 부설에 수반한 도로 확장 사업은 쇼와 시기에 들어서도 계속되었다. 아울러 1921년의 제1차 오사카 도시계획사업을 기점으로 다이쇼 · 쇼와 초기 오사카에서는 광역의 영역을 대상으로 하는 체계적인 도시계획사업이 여러 차례 시행되었다. 해당 시기에 실시된 오사카시의 도시계획사업은 〈표 4-3〉과 같다.

표 4-3 다이쇼 · 쇼와 초기 오사카시의 도시계획사업[46]

사업명칭	개시예정연도	종료예정연도	사업내용										예산(만엔)
			가로	교량	교통기관	운하	지하도	광장	하수도	부지조성	묘지	공원	
제1차오사카도시계획사업	1921	1938	O	O									16,250
제1기오사카도시계획하수도사업	1922	1924							O				402
제2기오사카도시계획하수도사업	1924	1927							O				409
네야가와(寝屋川) 부근 도시계획사업	1927	1932	O	O						O			222
제3기오사카도시계획하수도사업	1928	1937							O				1,625
오사카도시계획사업고속도교통기관	1929	1943			O								12,925
오사카도시계획하수처리사업(제4기)	1930	1937							O				2,160
제2차오사카도시계획사업	1932	1939	O			O							5,967
오사카역부근 도시계획사업	1934	1939	O				O	O					492
오사카역전 토지구획정리	1935	1937								O			270
제5기오사카도시계획하수도사업	1936	1942							O				5,850
제3차오사카도시계획사업	1937	1943	O	O									3,069
오사카도시계획가로묘지사업	1938	1941	O								O		240
오사카도시계획공원녹지사업	1939	1945										O	2,331

46) 『大阪都市計畫竝同事業輯攬』과 『第一次大阪都市計畫事業誌』의 내용에 근거하여 작성.

〈표 4-3〉에 따르면, 1921년의 제1차 오사카 도시계획사업부터 1937년의 제3차 오사카 도시계획사업까지 14건의 사업이 실시되고 있다. 이러한 사업들 중에서도 제1차 도시계획사업은 1921년부터 1938년까지 18년간에 걸치는 시행기간이 예정되었고 나아가 예산 면에서도 1억 6,250만 엔을 책정하여,[47] 해당 시기의 도시계획사업 중에서 실시기간·예산의 관점에서 최대 규모였음을 알 수 있다. 그 내용은 가로와 교량 건설이며, 제1차 시역확장 때 시역으로 편입된 지역의 난잡한 가로의 정리와 시역 중앙부의 협소한 가로의 폭 확장이 목적으로 되었다.[48] 또한 해당 시기의 도시계획사업에서는 도로·교량 건설에 더해 교통기관·운하·지하도·광장·하수도·묘지·공원의 건설과 부지조성이 실시되었고, 그 중에서도 가로정비는 6건의 사업으로 실시되고 있다. 이와 같이 오사카시에서는 다이쇼 말기부터 쇼와 초기를 통해 가로정비를 중심으로 하면서 수차례 도시정비가 진행되었다.

위 표에서 보이듯, 가로 건설을 실시한 6건의 도시계획사업 중 그 경로에 대해서 검토할 수 있는 사업은 5건이다.[49] 또한 교통기관의 건설을 행한 것은 1건이다. 나아가 앞서 말했듯이 시전부설에 수반한 도로 폭 확장도 실시되었다.

우선 5건의 도시계획사업과 시전사업에서 실시된 가로정비의 대상

---

47) 제1차 오사카 도시계획사업에서는 1921년 당초에는 7년의 시행기간, 1억 4,020만 엔의 예산으로 계획되었지만, 1923년에 발생한 간토대진재를 근거로 실시내용을 변경하여 1924년에 13년의 시행기간, 1억 8,293만 엔의 예산 사업으로 바꾸었다. 그 후 수차례 변경이 가해져 1936년에 18년의 시행기간, 1억 6,250만 엔의 예산을 가진 사업으로 되었다. 『大阪都市計畫竝同事業輯攬』, 46~48쪽; 『第一次大阪都市計畫事業誌』, 129~180쪽.

48) 『大阪都市計畫竝同事業輯攬』, 37~38쪽과 45~48쪽.

49) 표 4-3에 제시된 가로 건설을 실시내용에 포함한 6건의 사업 중, 오사카 도시계획 가로묘지사업에 관해서는 『第一次大阪都市計畫事業誌』에 개요가 기재되어 있을 뿐이며, 그 상세한 내용에 대해서는 알 수 없기 때문에 검토 대상에서 제외했다.

지에 대해서 검토해보자. 제1차 오사카 도시계획사업에서는 40개의 가로 건설이 계획되었고,[50] 1925년에 시행된 제2차 시역 확장 이전의 시역 중심부가 정비대상지가 되었다. 또한 제2차ㆍ제3차 오사카 도시계획사업에서는 각각 28개ㆍ13개의 가로 건설이 계획되었고,[51] 양 사업은 1925년의 제2차 시역 확장으로 편입된 신 시역을 주된 정비대상으로 하였다. 아울러 시전사업에서는 다이쇼ㆍ쇼와 초기에 36개의 시전노선이 부설되었고, 제2차 시역 확장 이전 시역의 외연(外緣) 부근이 대상지가 되었다. 또한 네야가와(寝屋川) 부근 도시계획사업과 오사카 역 부근 도시계획사업에서는 각각 1개와 9개의 가로 건설이 계획되었고, 개별 지역의 가로가 중점적으로 정비되었다. 이상의 사업에서 계획된 가로의 폭은 최대의 것은 제1차 오사카 도시계획사업에서 계획된 미도스지센(御堂筋線)의 47.3미터(24간), 최소의 것은 약 11.8미터(6간)였다.[52] 이 중 29.5미터(15간) 이상의 폭을 가진 가로는 제1차 오사카 도시계획사업에서는 7개, 제2차 오사카 도시계획사업에서는 6개, 시전사업에서는 3개가 계획되었다. 이러한 가로들은 47.3미터의 폭을 가진 시역 중앙부를 남북방향으로 관통하는 미도스지를 축으로 하고 시역 중앙부의 동서방향의 가로로서 29.5미터의 나가호리센(長堀線)을 두는 형태로 이루어졌다. 이와 같이 주축인 남북방향의 가로에 대해 동서방향의 가로가 종속되는 식으로 가로망이 구성되고 있음을 알 수 있다.

이와 같이 해당 시기의 가로·교통 정비에서는 시역 중심부를 남북으로 관통하는 미도스지를 도시 축으로서 가로·교통 체계가 재편되었다. 메이지 말기에는 근세의 남북방향의 주요 교통경로였던 사카이스지(堺筋)를 중심으로 해 가로망이 형성되었음을 고려하면, 미도스지를 중심으로 한 해당 시기의 정비는 근세의 공간구조를 버리고 근대도시로서의 공간구조를 새로이 형성한 것이었다고 할 수 있다.

5. 나오며

이상 막부 말기인 19세기 초의 조카마치 시기에서 메이지와 다이쇼·쇼와 초기를 거치는 20세기 초 근대도시 형성기에 걸치는 오사카의 도시공간과 정비작업에 대해서 검토한 결과 오사카 도시공간 변화와 그 정비에서 나타나는 다음과 같은 특징을 알 수 있었다.

도시영역 면에서 오사카는 근세에서 19세기 말인 메이지 중기에 걸쳐서 큰 변화를 보이지 않았다. 하지만 그 이후부터 오사카의 시가지는 꾸준히 확대되었다. 특히 1925년의 제2차 시역 확장을 통해 오사카시가 인구와 시역 면적 모두에서 일본 최대의 도시가 되었고, 그 이래 인구와 시가지 면적은 꾸준히 증가와 확대를 보였다.

또한 도시영역을 조직화하는 가로망 면에서는 근세에는 시가지에서 오사카 성에 이르는 경로인 동서방향의 고라이바시도리가 주축이 되어 있었고 남북방향의 주요 경로인 사카이스지가 그것에 종속되었다. 한편 19세기 메이지 시기에는 동서방향의 경로가 아니라 근세의 가로망에서 종속적인 위치를 점했던 남북방향의 사카이스지가 주축이 되었다. 그러나 다이쇼·쇼와 초기에는 미도스지를 중심으로 하는 가로망이 계획되어 건설됨으로써 근세의 공간구조를 버리고 새로운 공간구조의 형성이 시도되었다.

이러한 과정을 통해 이루어진 근대 도시 오사카의 모습을 1920년대를 기준으로 보면 아래 〈그림 4-4〉와 같다.

그림 4-4 1920년대의 오사카[53]

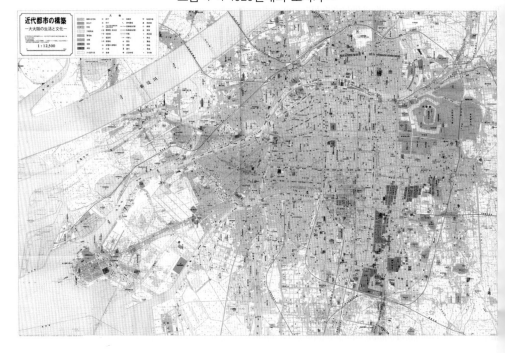

53) 「近代都市の構築－大大阪の生活と文化-」(1989)(1920년대의 오사카 복원도)(大阪都市協會大阪市都市住宅史編集委員會 編, 『まちに住まう－大阪都市住宅史』, 平凡社의 별책부록).

제5장

식민지 개척도시에서

방화(防火)도시로

-내부 식민지 해항도시 하코다테(函館)의
근대 도시공간 형성-

제5장

식민지 개척도시에서

방화(防火)도시로

-내부 식민지 해항도시 하코다테(函館)의
근대 도시공간 형성-

1. 들어가며

이제 마지막으로 일본의 지리적 배치에서 독특한 자리를 차지하고 있는 홋카이도(北海道)의 남쪽 끝자락에 위치한 하코다테(函館)를 살펴보자. 곧 살펴보겠지만 하코다테는 식민지 개척을 위한 개척도시로서 건설되고 그 지위가 유지되어 도시로서의 발전과정은 소위 '내지'의 여타 해항도시들과는 다른 경로를 보였다. 개항장 도시로 선정되면서 비로소 본격적인 도시적 면모를 갖추게 되었지만, 하코다테는 다른 일본의 근대도시처럼 근대도시계획의 체계적 적용을 받지 못했다. 오히려 하코다테의 오랜 골치거리였던 대화재에 대한 대응의 과정에서 자체적으로 근대도시로 공간 변화를 이루게 되었음을 확인하게 된다. 이 하코다테의 사례를 좀 더 자세히 살펴보자.

일본열도의 최북단 홋카이도의 남서부 쓰가루(津輕) 해협에 면한 오시마(渡島) 반도의 남쪽 끝에 있는 도시 하코다테는 일본의 해항도 시 중 나름의 특이한 위치를 점하고 있다. 15세기 무로마치(室町) 시 대에 지방 호상인 고노 마사미치(河野政通)가 우스케시(宇須岸)라는 작은 어촌에 다테(館)를 세우면서 시작되었다고 하는[1] 하코다테는 그 후 에도시대 마쓰마에 번(松前藩)의 동부 에조치(蝦夷地) 교역의 근거 지로서 번창하며 역소(役所)가 설치되어 있었다.[2] 특히 1799년에서 1821년까지 에도 막부의 에조치 직접 경영의 근거지로서 막부 직할령 이 되면서 하코다테에는 부교(箱館奉行)가 설치되었고,[3] 그 후 마쓰 마에 번령으로 돌아간 뒤에도 하코다테는 동부 에조치의 화물집적지 로 번성하였다.[4] 그리고 1853년과 1854년 두 차례의 페리 내항 이후 1854년 미일화친조약으로 하코다테는 시모다(下田)와 함께 임시 개항 지로 선정되었고, 1858년 소위 '안세이(安政) 5개국 조약'으로 7대 개 항지 중 하나가 되었다.[5] 이런 하코다테의 역사는 대략적으로 살펴보 아도 "일본 최초의 식민지"라고도 하고 "내국 식민지(內國植民地)"라

----

[1] 須藤隆仙, 『函館の歷史』, 東京: 東洋書院, 1980, 41~48쪽. '다테(館)'는 일본 중세 의 '성(城)'보다 규모가 작은 것으로 헤이안(平安)시대부터 귀인(貴人)의 저택을 가리켰으며 중세 시기에는 지방 호족의 "성채적 생활거처"로 되었다(위의 책, 41 쪽). 홋카이도의 화인관(和人館)은 갖가지 정치적·경제적 기능을 가지고 내부에 성속(聖俗)의 요소를 모두 지닌 복합적 시설이었다고 한다. 村井章介, 『世界史の なかの戰國日本』, 東京: 筑摩書房, 2012, 57쪽.

[2] 에조치 무역과 마쓰마에 번의 성립과정에 대해선, 村井章介, 위의 책, 40~62쪽; 田端宏外, 『北海道の歷史』, 東京: 山川出版社, 2002, 54~80쪽 참조.

[3] 이때를 개항 이후의 막부 직할 시기와 구분하여 '전직할시대(前直轄時代)'라고 부 른다. 須藤隆仙, 앞의 책, 83쪽.

[4] 개항 직전인 1850년 무렵 하코다테에는 1,700여 호 9,500명 정도가 살고 있었다. 위의 책, 97쪽; 函館市史編さん室 編, 『函館市史 通說編第1卷』, 函館: 函館市, 1980(函館市史デヅタル版: archives.c.fun.ac.jp/hakodateshishi/ 참조), 125쪽.

[5] 大山梓, 「安政條約と外國人居留地」, 『國際政治』 14, 1960, 111~114쪽.

고도 불리는6) 홋카이도 식민 및 개척의 근거지 역할을 하여 근대 이
전에 이미 식민지 경영을 위한 '근세 도시'로서 등장했고 한편으로 일
본 개항의 국면에서는 개항지로서 근대 서구 문명의 유입구로서 근대
도시로 전환했다는 특징을 보여준다.7)

하코다테에 대한 근대도시사적 접근은 이러한 특징 중 특히 후자를
반영해서인지 주로 개항지로서의 성격과 외국인거류지 설치에 중점
을 두고 이루어졌다.8) 그래서 "전형적인 일본 근세의 항구거리"를 가

---

6) 피에르-프랑수아 수이리, 「일본의 식민화: 비서구 국가에 의한 근대적 형태의 식
민주의」, 마르크 페로 편, 고선일 옮김, 『식민주의 흑서 상권』, 소나무, 2008,
639~642쪽; 田村貞雄, 「內國植民地としての北海道」, 『岩波講座 近代日本と植民
地: 1 植民地帝國日本』, 東京: 岩波書店, 1992, 87~99쪽.

7) 나가이 히데오(永井秀夫)는 '내국식민지'보다는 '변경의 개척'이라는 관점에서 홋
카이도의 역사를 일관되게 파악하면서 일본 근대화와의 관계를 논하는데, 이 또한
하코다테에 대해서는 유사한 의미 부여를 하고 있다고 생각된다. 永井秀夫, 『日
本の近代化と北海道』, 札幌: 北海道大學出版會, 2007, 35~37쪽.

8) 일본 지리학, 특히 인문지리 및 교육의 개척자로 평가받는 다나카 케이지(田中啓
爾)가 하코다테 외국인거류지를 중심으로 연구를 시작한 이래, 여러 연구들이 이
루어졌다. 田中啓爾, 「地圖類より觀たる函館居留地の變遷」, 『陸水學雜誌』 8-3・4,
1938, 588~613쪽; 中川武外, 「明治大正期の函館における和洋折衷町家の展開」, 『日
本建築学会北海道支部研究報告集』 80, 2007, 342~346쪽; 淸水憲朔, 「日米條約と
長崎・箱館の「交易會所開港」－三段階の開港を經る日本の開港－」, 『市立函館博
物館研究紀要』 20, 2010, 1~20쪽; 村田明久, 「開港7都市の都市計畫に關する研究」,
早稻田大學 工學博士學位論文, 1995. 특히 마지막 박사논문은 7대 개항도시의 근
대도시공간으로의 변화과정을 외국인거류지를 중심에 두고 논하면서 하코다테
를 다루고 있다. 이런 측면에서 접근하는 하코다테에 대한 국내 연구도 의외로
여럿 있는데, 주로 도시 경관 연구에 집중하고 있다. 김일림, 「홋카이도(北海道)
의 역사와 문화경관」, 『한국사진지리학회지』 15-1, 2005, 39~49쪽; 성춘자, 「경관
에 투영된 장소정체성의 사회적 재구성과 의미－일본 하코다테를 사례로-」, 『한
국사진지리학회지』 23-4, 2013, 253~269쪽; 이상봉, 「개항장도시 하코다테의 근대
적 도시경관－문화접변의 양상과 의미」, 조정민 편, 『동아시아 개항장도시의 로
컬리티』, 서울: 소명출판, 2013, 233~274쪽; 조정민, 「편재된 기억이 로컬리티가
되기까지 －일본 하코다테의 경우」, 조정민 편, 위의 책, 334~365쪽. 개항도시로서
하코다테에 대한 전반적인 정리는 はこだて外國人居留地研究會 編, 『はこだてと
外國人居留地: 街竝・文化編』, 函館: はこだて外國人居留地研究會, 2013에서 이

지고 있던 하코다테가 개항지가 되고 외국인거류가 허용되면서 외국인거류지 설정이나 관련 시설이 들어서는 과정에서 도시 공간의 변모를 겪으며 근대 해항도시로서 모습을 바꾸었다는 것이다.[9]

그런데 북방의 춥고 거센 자연환경 속에 놓인 하코다테는 예로부터 잦은 화재에 시달렸고, 하코다테의 근대도시로의 '변용(變容)'에도 소위 '대화재(大火)'와 그에 이은 '가구개정(街區改正)'이 큰 역할을 했다고 한다.[10] 물론 전통적으로 목조가옥으로 이루어진 일본 도시들이 언제나 화재에 시달렸고 근대도시로의 전환과정에서 화재가 중요한 역할을 했다는 것은 익히 알려진 사실이지만,[11] 하코다테는 그 어느 곳보다 화재가 빈발했고 그에 대한 대응의 과정에서 근대도시로의 변용이 이루어졌다고도 할 수 있다. 하코다테에서는 메이지 원년인 1868년부터 시제(市制)시행 직전인 1921년까지 500호 이상이 소실된 대화재가 14회, 100호 이상이 소실된 화재가 25회나 발생했다.[12] 그래서 당대 사람들은 "화재라고 하면 하코다테, 하코다테라고 하면 화재를 연상할

루어져 있다. 이 외에도 ヘルベルト・プルチョウ, 『外國人が見た十九世紀の函館』, 東京: 武藏野書院, 2002는 개항 전후 하코다테를 방문한 외국인들과 그들의 하코다테에 대한 담론들을 정리했는데, 특히 6장은 당시 개항기 하코다테의 모습을 정리해 놓았다.

9) 이상봉, 앞의 논문, 236~237쪽.

10) 函館市史編さん室 編, 『函館市史 通説編第2卷』, 函館: 函館市, 1990(函館市史デヅタル版: archives.c.fun.ac.jp/hakodateshishi/ 참조), 513쪽.

11) 예컨대, 에도에서 도쿄로의 전환에서 가로(街路) 변형의 출발점이었던 긴자(銀座)벽돌거리 조성은 1872년에 발생한 대화재에 대한 대응으로서 이루어진 것이었으며, 요코하마의 근대도시 형성 과정에서 핵심적인 역할을 한 소위 '제3회지소규칙'의 제정 역시 1866년의 대화재가 계기였다. 石田賴房, 『日本近現代都市計畫の展開 1868-2003』, 東京: 自治體硏究社, 2004, 22~23쪽. 위 3장 참조.

12) 須藤隆仙, 앞의 책, 90쪽. 일본의 연호에 따라 분류하면 메이지 시기에 21번, 다이쇼 시기에 8번 발생했다. 函館消防本部 編, 『函館の大火史』, 函館: 函館消防本部, 1937, 249~252쪽.

정도"였다고 한다.[13] 특히 이런 화재들 중 하코다테의 근대도시로서의
형성에 큰 영향을 미친 것은 개항도시 시기인 1878년과 1879년(메이지
11년과 12년)에 연이어 발생한 두 차례의 대화재와 1907년(메이지 40
년)에 발생한 대화재, 그리고 1919년 도시계획법이 시행된 이후인 1921
년(다이쇼 10년)에 발생한 대화재, 시제시행(1922년) 이후인 1934년(쇼
와 9년)에 발생한 대화재를 들고 있다.[14] 모두 화재 이후에 대규모 방
화시설 설비 및 도시정비가 '가구개정'의 이름하에 행해졌고 현재 하코
다테 주요부의 모습이 이루어졌다는 것이다.[15]

하코다테의 근대도시로의 변용과정에서 대화재가 가지는 이런 중요
성에도 이에 초점을 둔 연구는 그리 많지 않다. 논문으로는 1878년과
1879년 대화재 이후의 가로정비를 다루는 고시노 다케시(月野武)의 연
구가 유일하며, 그것도 도시계획보다는 상당 부분 건축적 측면에서 접
근하고 있다.[16] 그 외 일본 도시의 재해 후 부흥계획을 전반적으로 다
루는 연구에서 1934년 대화재 이후 하코다테 부흥계획을 일부 다루고
있으며, '근대도시의 그랜드 디자인'이라는 기본 축 하에서 하코다테
도시사를 다루며 대화재와 '가구개정'을 정리한 연구가 있다.[17]

이 장은 하코다테의 근대도시 공간으로의 변용과정에서 대화재가

---

13) 1913년 설립된 하코다테의 화방설비기성동맹회(火防設備期成同盟會)의 설립 취
   지에서 표현된 말. 函館市史編さん室 編, 『函館市史 通說編第3卷』, 函館: 函館市,
   1997(函館市史デヅタル版: archives.c.fun.ac.jp/hakodateshishi/ 참조), 721쪽에서 재
   인용.
14) 위의 책, 717쪽.
15) 長尾充, 「函館と北海道の開拓都市」, 『日本の美術』 475, 2005, 12, 26~37쪽.
16) 越野武外, 「明治中期(11, 12년函大火後)函館の中心街路とその建築」, 『日本建築學
   會計畵系論文報告集』 498, 1986, 102~112쪽.
17) 越山健治, 「災害後の都市復興計畵と住宅供給計畵に關する事例的研究」, 神戶大
   學 工學博士學位論文, 2001, 16~21쪽; 長尾充, 앞의 논문.

가진 역할에 주목하여 앞서 말한 다섯 번의 대화재를 거치며 하코다
테에서 어떻게 근대도시 공간이 형성되어 갔는지, 그 변화과정을 정
리해 보고자 한다. 이를 위해 먼저 근세 하코다테에서 근대 하코다테
로의 변화의 출발점이라 하는 개항시기 하코다테 도시공간를 살펴보
는데, 이에 대한 연구는 얼마간 축적되어 있기에 그 대략적 구도를 파
악하는 데 초점을 둔다. 다음으로 19세기 말에 연이어 발생한 두 화재
에 초점을 두고 하코다테 도시공간의 변화과정을 살핀다. 이 두 화재
는 개항 이후 하코다테의 도시 변화에 가장 큰 변화를 준 가구개정을
촉발시켰고[18] 향후 이어지는 대화재 이후의 가구개정이나 부흥계획
의 기본 틀을 제시한 것으로 평가받는다. 그리고 이어서 20세기 초에
발생한 세 차례의 대화재들과 그 후의 가구개정 및 부흥계획 등을 통
해 하코다테에서 근대도시 공간이 완전히 형성되어 오늘날 하코다테
의 기본 틀이 마련되는 과정을 살펴본다.

　이런 정리과정을 통해 일본 근대 해항도시 중 '변경의 개척도시'이
자 '외세의 유입구인 개항도시'라는 이중적 성격을 가진 하코다테의
근대도시 형성과정을 도시공간 구조의 변화라는 측면에서 파악해 보
고자 한다.[19]

---

18) 이 점에 주목하면 1878년과 1879년의 두 차례 대화재 후의 가구개정부터를 하코
　다테에서의 "근대적 도시형성"이라고 할 수도 있다. 函館市史編さん室 編, 『函館
　市史 通説編第2卷』, 513쪽.
19) 이를 위해 이용할 자료에는, 먼저 1934년 마지막 대화재 이후 하코다테 소방본부
　가 편찬한 하코다테 화재의 역사서가 있다. 函館消防本部 編, 『函館の大火史』,
　函館: 函館消防本部, 1937. 여기에는 1934년 대화재 개황과 그 이후 일본건축학회
　에서 마련한 부흥계획까지 모두 정리되어 있고, 나아가 하코다테의 역사에서 발
　생한 주요 화재들의 재해 개요들을 정리해 두고 있다. 하지만 이 자료에는 1934
　년 이전 대화재들에서 이루어진 복구 작업에 대한 내용은 빠져 있어, 그런 부분
　들은 하코다테의 지방지들과 여타 문헌들을 통해 정리할 것이다. 아울러 이런 대
　화재들과 그 후의 복구작업들을 통한 도시공간 구조의 변용은 각 대화재 이후 시

2. 개척도시에서 개항도시로

홋카이도의 남쪽에 위치한 오시마 반도는 혼슈(本州)를 마주 보면서 마쓰마에(松前) 반도와 가메다(龜田) 반도로 갈라지며 이 두 반도 사이에 하코다테 만이 위치한다. 하코다테 만은 바다로 돌출되어 자리한 하코다테 산이 육지와 모래톱으로 이어지면서 자연스럽게 깊숙한 만을 형성한 것으로, 이 산 주변과 모래톱 위에 하코다테(箱館)가 자리하고 점차 만 해안을 따라 확장해 갔다. 하코다테의 시가지가 오늘날까지 확장해 온 과정을 전체적으로 보면 〈그림 5-1〉과 같다.[20] 이 그림에서 이 글의 대상은 대략 1에서 3까지의 시가지 범위 정도와 일치한다.

한편 본고에서 다루는 1860년대(메이지 시기)부터 1945년까지의 인구 및 호수·세대수의 추이는 아래와 같다. 〈그림 5-2〉에서 보이듯이 하코다테 시의 인구 및 호수·세대수는 태평양 전쟁 발발 시까지 전체적으로 꾸준한 상승국면을 보이고 있다. 다만 1899년에서 1909년까지의 정체 국면은 1899년이 외국인거류지가 폐지된 해임에도 그때부터 하코다테 산에 요새가 설치되고 하코다테가 군사지역으로 정해진 영향이었다고 생각된다.[21] 하지만 1907년 대화재를 거치고 새로이 가구개정을 통해 도시 정비가 이루어진 뒤 하코다테의 인구는 다시 성

기에 작성된 여러 지도들에서 확인할 것이다.

[20] 이 그림은 '시역(市域)'의 확대가 아니라 '시가지'의 확대를 보여주는 것이다. 하코다테의 경우 시역과 시가지는 일치하지 않는다. 시역이 확대하는 과정은 홋카이도 개발과 관련해 시가지와는 별개로 진행되었다. 이에 대해선, 函館市, 『函館市都市計畫マスタープラン 2011-2030』, 函館: 函館市都市建設部都市計畫課, 2012, 7쪽 참조.

[21] 函館區役所, 『函館區史』, 函館: 函館區役所, 1911, 611쪽.

그림 5-1 하코다테 시 시가지 확장도[22]

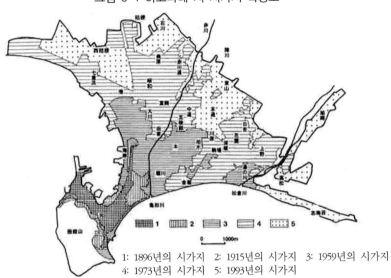

1: 1896년의 시가지　2: 1915년의 시가지　3: 1959년의 시가지
4: 1973년의 시가지　5: 1993년의 시가지

장 국면에 접어든다. 무엇보다 1922년 시제 시행 후에는 이전보다 더
가파른 인구성장의 모습을 보여준다.

　다음으로 하코다테가 본고의 대상이 되는 기간 동안 거친 행정상의
지위는 이러했다. 앞서 말했듯이 개항과 함께 하코다테 부교가 다시
설치되었다가, 메이지 유신에 접어들면서 하코다테는 막부세력과 신
정부의 치열한 전장이 되어 1867년과 1868년 사이에 '하코다테 전쟁'을
거친다.[23] 이 전쟁에서 신정부가 승리하면서 1869년 홋카이도 개척을
담당하는 개척사(開拓使)라는 행정기관이 설치되는데, 이때 정식으로
'홋카이도'라는 명칭이 사용되었고 하코다테에 들어선 하코다테 개척

22) 渡辺英郎,「函館市における市街地の擴大」,『函館大學論究』30, 1999, 84쪽의 그림
　　1 인용.
23) '하코다테 전쟁'의 경과는 長尾充, 앞의 논문, 22쪽, 표 2 참조.

그림 5-2 1869~1945년의 하코다테 인구 및 호수 · 세대수 추이[24]

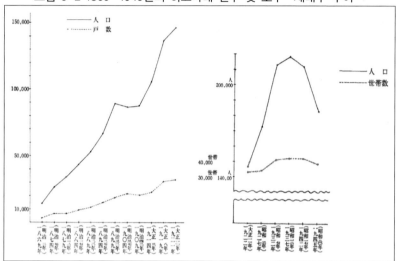

사 출장소는 '箱館' 대신에 '函館'이라는 한자 표기를 사용하기 시작했
다.[25] 1871년 삿포로로 개척사 본청이 옮겨가자 하코다테에는 하코다
테 출장개척사청이 들어섰고, 다음해에는 그 이름을 개척사 하코다테
지청으로 바꾸었다. 그 후 1879년 하코다테가 처음으로 구(區)로 편제
되고 구역소(區役所)가 설치된다. 그리고 개척사의 부패사건으로 큰
반향을 일으킨 1880년의 관유지불하사건으로 1882년 개척사가 폐지되
고 홋카이도에 현(縣)제가 시행되면서 하코다테 현이 설치된다. 이 편
제 하에서도 하코다테 시가는 여전히 구였다. 그러다가 홋카이도에서
는 현제가 효율적이지 않음을 감안해 1886년 홋카이도 도청이 들어오

24) 函館市史編さん室 編,『函館市史 通說編第1卷』, 127쪽과 130쪽의 그림 재구성.
    1922년 시제 시행을 경계로 그린 그림들이며, 시제 시행 이후에는 호수를 세대수
    로 바꾸었다.
25) 須藤隆仙, 앞의 책, 168~169쪽.

면서 하코다테에는 지청(支廳)이 설치된다. 그때에도 하코다테는 여전히 구였고 1899년 비로소 하코다테 구는 완전히 자치구로 지정된다.[26] 그리고 1922년 시제가 시행되면서 하코다테는 시로 승격한다.[27]

그러면 1864년 3월 3일의 미일화친조약으로 시모다(下田)와 함께 개항한 후 하코다테 시가는 어떻게 변화했는가. 개항을 위해 먼저 취한 조치는 하코다테 부교소를 가메다(龜田)로 이전하고 벤텐 곳에 포대를 건설하는 일이었다.[28] 이 작업은 1853년과 1863년 사이에 이루어졌고, 이때 건설된 포대는 1896년 하코다테 축항공사를 본격화하면서 철거되었다.[29] 이 사이에 부교소가 옮겨갈 가메다에는 서양식 성채인 고료카쿠(五稜郭)가 1864년 준공되었다.[30]

1858년 '안세이 5개국 조약'으로 7개 개항도시 중 하나로 정해진 하코다테는 본격적인 외국인거류지 건설에 나서 1859~1860년에 오마치(大町) 외국인거류지가 해면매립을 통해 건설되었다.[31] 하지만 이 오마치 거류지는 처음부터 창고지(藏地)로 예정되었기에 거류지의 확대는 필연적이었고 마침 1860년경부터 하코다테의 상인들에 의해 이루어진 지조(地藏) 초 매립지가 1864년에 외국인거류지로 지정되었다.[32] 이 과정에서 오마치에는 일종의 세관인 운상소(運上所)가 설치되었고[33] 아울러 외국인거류지와 부교소를 연결하기 위해 1866년부터 하코다테 만을 따라 해안도로가 정비되기 시작했다.[34]

26) 이상의 내용은 函館區役所, 『函館區史』에 기초해 정리한 것이다.
27) 函館市史編さん室 編, 『函館市史 通說編第1卷』, 222~223쪽.
28) 長尾充, 앞의 논문, 20쪽.
29) 荒木文四郎, 「函館築港工事」, 『土木學會誌』 5-2, 1919, 418~419쪽.
30) 須藤隆仙, 앞의 책, 111~113쪽.
31) 函館市史編さん室 編, 『函館市史 通說編第2卷』, 468쪽.
32) 위의 책, 472~475쪽.
33) 정확히는 '운상회소(運上會所)'라고 불렀다. 위의 책, 475쪽.

원래 막부의 하코다테 개항 구상은 나가사키의 데지마(出島)와 같은 고립된 외국인거류지 건설이었다.[35) 하지만 하코다테의 지형적 특성상 협소한 가로 및 택지 공간은 자연스럽게 외국인과 일본인의 잡거(雑居) 양상을 가져왔고[36) 이에 따라 전체적인 도시 공간의 구성은 애초의 부교지 이전과 더불어 〈그림 5-3〉과 같이 2분화의 모습을 띠고 '서부지구'를 중심으로 발전하였다.

그림 5-3 개항장도시 하코다테의 공간구성의 2분화

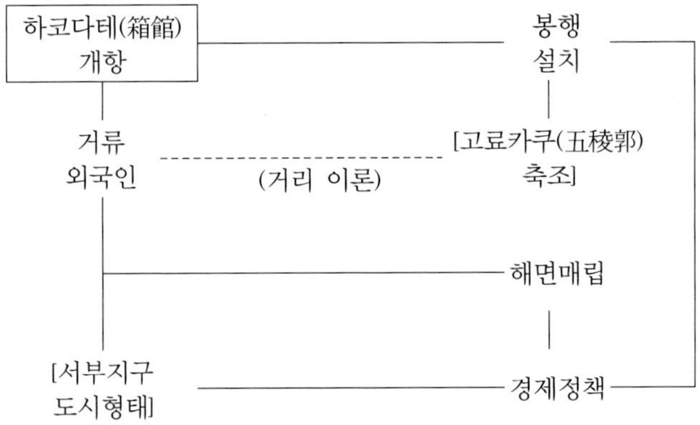

이렇게 하여 이루어진 개항장도시 하코다테의 모습의 지금까지의 여러 연구들이 밝힌 바와 같이, 해안가의 부두 공간과 다음의 마치야(町家), 그 다음 산지로 올라가면서 부케지(武家地)와 사원지구로 이루어진 근세 도시공간에서 해안가의 부두와 창고지(공식 외국인거류

----

34) 위의 책, 476~477쪽.
35) 위의 책, 468쪽.
36) 이를 잘 보여주는 것이 1861년 제정된 '하코다테 지소규칙(函館地所規則)'이 1867년 폐지된 것이다. 村田明久, 앞의 논문, 167쪽.

지), 상업지구, 산지의 외교관저와 외국인 주택이 혼재하는 주택지구라는 도시공간으로의 변화가 일어났다.[37] 이러한 양상을 1878년 대화재 직전인 1874년에 개척사하코다테 지청(開拓使函館支廳)에서 제작한「하코다테 시가 지도(函館市街之圖)」[38]에서 확인할 수 있다. 이 그림에서는 해안도로가 어느 정도 정비된 모습이 반영되어 있으며, 해안가의 매립지들과 함께 산 쪽으로 개청사 지청사와 전신국 등 각종 시설들과 외국 외교시설, 외국인 상인 저택 등이 자리하고 있음을 보여주고 있다.

3. 대화재의 발생과 가구개정(街區改正)의 시행

이제부터는 위에서 살펴본 개항도시 하코다테의 도시공간 구성이 여섯 차례의 대화재를 거치며 어떻게 변화해 갔는지를 살펴보자. 먼저 이 장에서는 1878년과 1879년 연이어 발생한 대화재들을 보고자 한다. 1869년 개척사 시대가 시작된 하코다테는 홋카이도 경영의 근거지로서 활발하게 성장하던 중 1878년 11월 16일에 다나고마(鯣澗)초에서 발생한 대화재를 맞게 되었다. 이 화재로 하코다테는 13개 초 954호가 소실되는 큰 피해를 입었으며, 피해 범위는 서부 시가의 북

---

37) 이상봉, 앞의 논문, 260~264쪽. 본문에서는 지면 관계상 다루지 못하지만, 이런 외교 시설 및 외국인 저택 등이 일본인 기술자들에 의해 건설된 것도 잘 알려진 사실이다. 이 시기 일본인 건축 기술자들의 경험이 나중에 하코다테 특유의 '화양절충(和洋折衷)' 양식의 출현을 가능케 하였다. 越野武外, 「北海道における越後大工の活動」, 『日本建築學會計畵系論文集』 498, 1997, 195~201쪽; 長尾充, 앞의 논문, 21쪽..
38) 「函館市街之圖」, 函館中央圖書館所藏, 資料番號: 1810658698.

부, 벤텐(辯天) 초 주변의 개항 이전의 시가를 중심으로 하는 지역이
었다. 이어서 다음 해 1879년 12월 6일에는 호리에(堀江) 초에서 불이
나 33개 초 2,326호가 소실되었다. 이때 소실된 지역은 막부 말 개항
기에 번성한 시가였고, 1878년에 소실되어 복구된 지역은 피해를 면
하였다.[39] 하지만 1879년의 대화재는 수치에서 보이듯이 하코다테 전
체 호수의 40퍼센트에 해당하는 막대한 피해를 입은 데다 그 피해지
역도 거의 시가 중심부에 해당했기에 인구 면에도 큰 영향을 줄 수 있
었지만, 관과 민이 협력하여 피해 복구작업을 벌이면서 인구 감소를
가져오지는 않았다.[40]

　무엇보다 중요한 것은 이 대화재들 후에 가구개정 과정에서 이후의
대화재들에 이은 복구작업과 도시정비에도 적용되는 대원칙이 확립
된 것이다. 1878년 대화재 후 정부와 지방관청은 서로 협력하여 '시가
도로개정위원' 4명을 선정했고,[41] 이들은 정부에서 파견된 서기관과
협의하여 11월 20일 "도로의 협소함과 가옥의 조박(粗薄)함"을 화재의
원인으로 지목하면서 13개 조로 이루어진 다음과 같은 가구개정 및
가옥개량의 원칙을 발표하였다.

　1. 벤텐(辯天) 초 및 오마치(大町) 등과 같이 대도(大道)는 도로 폭 10간 이상으
로 하고 일직선을 요한다.
　1. 야마노테(山ノ手)에서 오도리(大通)을 횡단하여 해안에 이르는 통로는 폭 10
간 이상으로 하여 적절한 장소를 선택해 2개 초 혹은 3개 초마다 개통하고
뒷골목(裏通り) 및 가로골목길(横町) 등은 폭 6간 이상으로 하고 아울러 직
선을 요한다.

39) 函館消防本部 編, 『函館の大火史』, 249쪽.
40) 函館市史編さん室 編, 『函館市史 通説編第2巻』, 521쪽.
41) 函館區役所, 『函館區史』, 454쪽.

1. 오도리 및 야마테에서 해안으로 나오는 양쪽의 가옥은 석조 벽돌 흙벽 등 불연질(不燃質)의 건축을 요하며 만약 자력(資力)이 힘든 자는 치장벽토로 마감한 집(塗屋)을 세워야 한다.
1. 뒷골목과 가로골목길 모두 치장벽토로 마감하기에 자력이 아주 힘든 자라 하더라도 할 수 있는 한 삿포로에서 나온 기계로 켠 목재(札幌製器械柾)로 지붕을 이어야 한다.
1. 종래의 석재채굴장만으로는 석재운반비가 적지 않은 고로 연소지 도로의 가옥들의 수요에 한해 특별히 적정한 장소에서 채굴을 허락한다.
1. 도로개정을 위해 노선에 관련된 사유지는 합당한 대가로서 매상(買上)한다.
1. 소방선(消防線)이 긴요한 장소에서 석조 벽돌 흙벽 등 건축을 하는 자는 합당한 비율로 자금을 대부하고, 그 자력(資力)이 빈약해 부득이한 자는 일시 관이 건설해 매하(賣下) 혹은 대가(貸家)하더라도 실제 조사 후 다시 품의(稟議)해야 한다.
1. 가옥건설비 대부는 3개년 이상 5개년을 내는 연부반납(年賦返納)으로 하고 이자는 1년에 100분의 5 내지 연 5분으로 한다.
1. 도로부지 증가에 수반하는 시가 택지평수의 감소에 맞추어 2층 3층의 가옥을 건설하게 한다
1. 해안에 가까운 연소지에 맥주 저장 및 빙실(氷室)용 토굴(穴藏)로 맞는 토지라면 매상(買上)해 설치한다
1. 지형이 경사진 야마노테의 가옥은 러시아령 블라디보스토크(浦鹽斯德) 항의 바람에 따라가야 한다.
1. 도로부지 매상에서 택지 차등이 발생하는 자는 세심하게 설명하여 야치가시라(谷地頭) 매립지 준공 후 매하(賣下)하여 전거(轉居)케 해야 한다.
1. 세관 구내가 협소하여 화물취급이 부자유하므로 현지 좌우로 매립해 장소를 얻도록 조치해야 한다.[42]

위 내용을 방화 목적의 가구개정과 관련하여 요약하면, ① 도로의 직선화, ② 벤텐 초와 오마치 등의 대도(大道)는 약 21.7미터(12간)로

42) 大藏省, 『開拓使事業報告 第2編』, 東京: 大藏省, 1885, 610~612쪽에 수록.

폭을 확장, ③ 야마테(山手)에서 해안에 이르는 비탈길(坂道)은 2개 초 혹은 3개 초마다 약 21.7미터로 폭을 확장, ④ 뒷골목(裏通)과 큰 길에 면한 골목(橫町)은 폭 약 10. 9미터(6간을 확보), ⑤ 방화선(火防線)의 기능을 기대하는 ②와 ③에 면하는 가옥은 석조, 벽돌조, 흙벽조 등의 불연건축화, ⑥ 가옥개량비의 대부(貸付) 등이 된다.[43] 이런 가구개정은 즉각 시행되었고, 앞서 말했듯이 다음해의 화재에서 이렇게 정비된 지구는 모두 소실을 면하였다.

1879년의 대화재 후에도 기본적으로 방화를 위한 도로 정비와 불연건축 건설을 주 내용으로 하여 가구개정이 행해졌고, 하코다테 지청에서 해안에 이르는 모토이자카(基坂)를 폭 약 36미터(20간)으로 확장하고, 소실 구역의 남쪽 끝 다이산자카(大三坂)와 난부자카(南部坂) 사이에 새로이 폭 약 36미터의 니쥬켄자카(二十間坂)을 내어 방화선 기능을 강화하였다.[44] 또한 시가는 "90도의 분할 방식을 가장 좋은 방법으로 삼는다"는 원칙에 따라, 직선가로가 직각으로 교차하는 바둑판형 가구를 강하게 지향하였다.[45] 이 시기 소실 구역에 위치했던 사원은 후나미(船見) 초로 이전하여 그곳에 다시 테라마치(寺町)를 형성하였다. 이렇게 이루어진 두 차례 가구개정의 경비는 〈표 5-1〉과 같으며, 두 차례 화재로 인한 소실구역과 가구개정 범위는 〈그림 5-4〉와 같다.

이 가구개정들은 개항 이전부터 자연발생적으로 성장해 온 하코다테 시가에 대해 사각형 가로를 적용하고 도로 폭 확충과 가옥 불연화를 통해 방화선을 설치하려는 계획이었다. 하지만 도로가 직선으로

---

43) 長尾充, 앞의 논문, 26쪽.
44) 函館區役所,『函館區史』, 466~467쪽.
45) 위의 책, 470쪽.

표 5-1 1878 · 1879년 하코다테 대화재의 피해 규모와 가구개정 경비[46]

	1878년 대화재 후	1879년 대화재 후
소실 초(町수)	13개 초	33개 초
소실 호수	954개 호	2,326개 호
인민소유매상비	40,823엔 000	85,737엔 530
흙벽(土藏)가옥이전비	9,362엔 000	25,203엔 805
측량비	-	2,255엔 510
도로개정토공비	10,512엔 339	120,477엔 633
폐도 및 관유지 賣拂비	10,745엔 000	23,674엔 475
가옥개량비대부금	16,465엔 000	12,537엔 300
계	87,907엔 339	269,886엔 253

그림 5-4 1878 · 1879년 하코다테 대화재의 피해지역 및 가구개정 계획도[47]

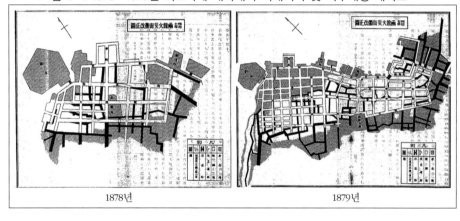

1878년   1879년

뚫리고 도로 폭이 넓어졌지만, 그렇다고 개개의 인접지 경계가 전부
변한 것은 아니었다. 그리고 도로부지로 편입되는 부지면적이 각 호

---

46) 위의 책, 460쪽과 468쪽의 표들을 재구성.
47) 1878년의 계획도는 위의 책, 460쪽과 461쪽 사이에 간지로 삽입되었으며, 1879년
의 계획도는 위의 책, 468쪽과 469쪽 사이에 간지로 삽입되어 있다. 이 두 계획도
를 하나로 재구성했다. 오른쪽 1879년 계획도 상의 왼쪽 위 부분에 피해를 면한
곳이 보이는데, 그곳이 정확히 왼쪽 1878년의 계획도의 가구개정 지역에 해당된다.

마다 달랐기 때문에 구역소에 의한 토지 매입이 필요했다. 이러한 가구개정들의 모습은 이것이 교환지를 일정 부분 제공하면서 그 만큼 부지를 감해 나가는 근대적인 토지구획정리가 아니라, 일본에서 근세 이래 사용해 온 구획변경수법(町割變更手法)을 적용했음을 뜻한다.[48] 즉 이런 가구개정들을 통해 도로 폭 확충과 함께 사각형의 정리되고 규격화된 도시공간을 창출하여 근대적인 도시 변용을 이루고 있음에도, 실제 이 사업에 적용된 실행 수법은 근세 일본의 전통적인 구획획정(町割) 방식이었던 것이다.

가옥개량의 경우 〈표 5-1〉에 나오는 건축비 대부의 대부분이 불연화 건물의 건설에 주로 이용되었다. 1878년 대화재 후에는 흙벽조 29동, 1879년 대화재 후에는 벽돌조 1동, 흙벽조 12동에게 대부되었고, 또 대부 없이 벽돌조 6동, 흙벽조 25동, 치장벽토(塗屋: 외면 벽에 방화 목적으로 치장벽토stucco를 칠해 세운 건물)조 6동, 서양풍 목조 27동이 건설된 기록이 있다.[49] 하지만 이런 기록을 통해 보면, 이때의 불연화 건축 추진이 일반 주거의 불연화에까지는 이르지 못했음을 알 수 있다.

한편 가구개정과 함께 방화를 위해 꼭 필요한 것은 수도의 확충이었다. 처음부터 물이 부족했던 하코다테는 방화와 함께 콜레라와 같은 위생 문제도 대두하면서 1880년대 전체에 걸쳐 대규모 수도 확보를 위한 사업을 진행하였다. 1887년 가메다가와(亀田川)와 간죠지가와(願乗寺川)를 따라서 목제관 3킬로미터를 부설하였고, 1888년에는 근대 상수도 공사가 착공되어 1889년 준공되었다.[50] 아울러 가구개정

48) 越野武外, "明治中期(11, 12年函大火後)函館の中心街路とその建築", 102~112쪽.
49) 函館區役所, 『函館區史』, 469~470쪽.
50) 山村悦夫, 「土木史におけるモデル規模適應過程分析(3)－函館市水道技術導入－」,

으로 인한 도로 폭 확대와 함께 교통의 발달도 진행되었다. 1872년 하코다테와 삿포로를 연결하는 삿포로 신도가 완성되었고, 1897년에서 1905년 사이에 하코다테와 오타루(小樽)를 잇는 하코타루(函樽) 철도가 개통되었다. 시내에도 1883년부터 시내 승합마차가 운행을 시작했고, 1897년부터는 궤도를 깔아 그 위로 마차를 달리게 하는 마차철도가 하코다테를 동서로 가로질러 외곽까지 운행하였다.[51]

이렇게 1878년과 1879년의 대화재들을 거치며 가구개정과 여타 사업을 통해 도시 방화시설 및 여러 핵심 시설들을 확보해가면서 하코다테는 시가의 영역을 확장해 갔다. 가구개정이 일정 정도 진행된 후인 1882년의 하코다테 지도[52]를 보면, 이전보다 동쪽으로 조금씩 확대되어 갔으며 이에 따라 중심 시가도 동쪽으로 조금씩 이동하여 오마치에서 스에히로(末廣) 초로 옮겨갔다. 한편 하코다테산 동쪽 면도 개발되어 야치가시라(谷地頭) 쪽이 발달하고 있고 1878년 착공하여 1879년 준공한 하코다테 공원의 모습도 보인다. 야마노테(山ノ手) 지구도 수도와 교통 사정의 개선으로 점점 고급 주택지로 바뀌어 간다.

4. 방화도시 건설을 통한 근대 도시공간의 확립

1878년과 1879년의 대화재는 하코다테 개항도시의 시가지에 큰 피해를 입혔지만, 그 이후 하코다테는 진정으로 근대도시적인 면모를 보이기 시작했다. 대화재 이후에 시도된 가구개정들은 비록 수법 상

『土木史研究』 12, 1992, 243~250쪽.

51) 長尾充, 앞의 논문, 32~33쪽.

52) 「新刻函館港全圖」(1882), 函館中央圖書館所藏, 資料番號: 1810658417).

에서는 근세의 전통적인 구획획정 방식을 취했지만 하코다테에서 실제로 시행된 최초의 도시정비 사업이라고도 할 수 있다. 그 덕분인지 하코다테는 작은 화재는 계속되었지만, 오랫동안 대화재의 피해를 면할 수 있었다. 하지만 하코다테는 앞서 얘기했듯이 건물의 불연화에는 큰 진전을 보지 못하고, 대부분의 주택들이 전통적인 돌을 얹은 맞배박공 지붕을 가진 목조 건물이어서[53] 언제든지 또 다른 대화재의 위험을 안고 있었다.

1907년 8월 25일 저녁 10시 20분 경 히가시가와(東川) 초에서 화재가 발생했다. 때마침 풍속 15미터의 남동풍이 강하게 불고 거기에 가뭄으로 인해 소방용수가 부족하여 불은 서부시가를 완전히 불태워버렸다. 33개 초 8,977호(구역소 조사로는 1만 2,390호)라는 큰 피해를 입었다. 사망자 8명에 부상자 1,000명에 이르는 인명피해까지 낳은 이 대화재는 다음날 오전 9시에야 진화되었다.[54]

표 5-2 1907년 하코다테 대화재의 피해 상황[55]

발화시간	8월 25일 오후 10시 20분
발화장소	하코다테 구 히가시가와 초(東川町) 217번지
소실구역	40여 만 평
소실호수	8,977호
이재민수	32,428명
피해총액	31,148,337엔
사망자	8명
진화시간	8월 26일 오전 9시

이 화재 이후에는 당시 하코다테 구의 재정상황이 좋지 않아 단순

---

[53] 越山健治, 앞의 논문, 16~17쪽.
[54] 函館消防本部 編, 『函館の大火史』, 253~254쪽.
[55] 위의 책, 253쪽에 의거해 작성.

한 복구작업만 수행하고 가구개정을 시행하지는 않았다. 따라서 도시 구조 면에서는 이전과 변화가 없었다. 하지만 관 주도의 가구개정이 없는 대신 민간 주도의 다양한 방화 활동 및 의식 개선 운동 등이 이 루어져 '하코다테 재해예방조합'이 결성되었고 실제 화재 시 소방설비 의 효율성을 높이는 것을 목적으로 '하코다테 화방설비기성동맹회'도 설립되었다.[56]

　특히 민간 주도로 상가 건물의 불연화 건축이 광범위하게 퍼져, 이 때 거리의 모습이 소위 하코다테 형 상가(町屋)로 일변하였다.[57] 개항 도시의 특성을 반영해 외국 건축 기술의 영향을 받은 일본인 기술자 들이 건설한 2층 서양풍, 1층 일본풍의 하코다테형 상가는 개항도시 에서 이루어진 문화접변 양상을 전형적으로 보여주는 것으로 이야기 되었다.[58] 그런데 실제로 이런 하코다테 형 상가는 개항도시 시기였 던 메이지 20년대(1880~1890년대)에도 나타나지만, 1층 일본풍에 2층 서양풍, 우진각지붕(寄棟屋根)이라는 정형화된 모습은 이 시기에 등 장했다. 즉, 이것은 하코다테에서 특유의 하코다테형 상가가 나타난 것은 당연히 서구 근대 건축의 영향을 반영한 것이기도 하지만, 무엇 보다 하코다테가 반복해서 겪고 있던 화재에 대한 대비, 즉 방화의 목 적이 컸음을 뜻한다. 그래서 외형적으로는 서양풍을 갖춘 2층도 내부 적으로는 일본식 구조를 갖고 있었다. 외부 의장에서 방화에 효과적인 서양풍을 도입해서 건물을 건설해 연소(燃燒)의 가능성을 줄이고자 한 것이다.

　한편 1911년에는 하코다테 수전회사(水電會社)가 하코다테 마차철도

---

56) 函館市史編さん室 編, 『函館市史 通說編第3卷』, 719~721쪽.
57) 長尾充, 앞의 논문, 35쪽.
58) 中川武外, 앞의 논문, 342~436쪽; 이상봉, 앞의 논문, 256~259쪽.

주식회사를 인수하면서 노면전차(路面電車)의 도입을 추진했고, 마침
내 1913년 시노노메(東雲) 초에서 유노카와(湯の川) 사이의 5.8킬로미
터에 운행을 개시하였다. 이 노면전차는 하코다테 시가에서 벗어난 교
외 지구의 발전을 가능케 하였고 1943년에는 시영으로 전환되었다.[59]

   하지만 하코다테 민간의 이런 방화 노력에도 다시 또 1921년 대화
재가 하코다테를 덮쳤다. 1921년 4월 14일 새벽 1시를 넘어 여전히 조
잡한 목조가옥이 밀집해 있던 히가시가와 초의 제과점에서 다시 발생
한 대화재는 스에히로(末廣) 초 쥬지가이(十字街)에서 니쥬켄자카를
넘어 모토이자카(基坂)에 있던 하코다테 지청까지 압박하였다. 이때
는 하코다테 소방대가 많은 화재 진화 경험에 입각해 지조 초로의 연
소를 막았지만, 대신에 하코다테에서 가장 번화가 지역이었던 쥬지가
이로 번졌다. 그리고 이미 1879년 대화재 이후 방화선으로 조성된 니
쥬켄자카가 그 역할을 다할 것이라 기대했지만 마침 바람이 더 거세

표 5-3 1921년 하코다테 대화재의 피해 상황[60]

발화시간	4월 14일 오전 1시 15분
발화장소	하코다테 구 히가시가와 초(東川町) 198번지
소실구역	152,830 평
소실호수	2,141호
이재민수	10,996명
피해총액	17,798,549엔
사망자	1명
소실건물	1,309동
진화시간	4월 14일 오전 7시 30분

[59] 池上中康外, 「近代日本地方中核都市における「路面電車郊外」の成立」, 『住總研
    研究論文集』 38, 2011, 55~56쪽.
[60] 위의 책, 253쪽에 의거해 작성.

지면서 방화선이 무너지며 가이쇼(會所) 초와 모토마치(元町)로 확대
되었다. 다행히 역시 방화선으로 설정되었던 모토이자카가 제 기능을
하고 바람도 잦아들어 화재는 오전 7시30분에 진화되었다.[61]

상당한 피해를 입었지만, 이 화재 피해상황을 〈표 5-2〉의 1907년 대
화재의 피해상황과 비교해 보면, 상대적으로 피해규모와 인명피해가
적었음을 알 수 있다. 이것은 그 사이 이루어진 방화선 설정 및 불연
화 건물 건설과 같은 지속적인 노력들이 일정 정도 성과를 거둔 것으
로 평가되었다. 따라서 화재 후 도시재건과 가구개정의 방향은 역시
방화선의 강화로 모아졌다. 이에 따라 아직 하코다테가 1919년 도시
계획법의 대상 지역이 아니었음에도 시가지건축물법의 내용을 반영
하여 '방화선가옥건축보조규정'을 제정하고 기존의 에비스 초 도리(惠
比須町通)를 폭 약 21.7미터(12간)로 확장하여 긴자가이(銀座街)를 조
성했다. 이에 따라 긴자가이는 모토이자카 및 니쥬켄자카와 함께 하
코다테의 대표적인 내화조건축을 통한 방화선 가로로 자리매김 되었
다. 그리고 스에히로 초 쥬지가이 일대에는 콘크리트조와 블록조의
불연화 건물이 줄지어 들어섰다.[62] 뿐만 아니라 민간 차원에서도 대
대적인 방화의식 개혁 운동과 방화 설비 추진을 위해 '방화설비실행
회'와 같은 단체가 조직되었고 이 단체는 긴자가이 조성과정에서 주
도적인 역할을 하였다.[63]

한편 그 후 하코다테에는 1922년에 시제가 시행되었고, 1923년에는
하코다테 시가 도시계획법 시행도시로 지정되었다. 1925년에 하코다
테 시는 건축과를 강화하기 위해 소네츄조(曾禰中條)건축사무소에서

61) 函館消防本部 編, 『函館の大火史』, 255~256쪽.
62) 위의 책, 258~259쪽.
63) 函館市史編さん室 編, 『函館市史 通說編第3卷』, 725~727쪽.

건축 전문가를 초빙하여 도서관과 신카와(新川)소학교 등 철근 콘크
리트조 공공건축을 건설하였다. 1926년에는 하코다테 내에 도시계획
구역이 결정되었고 1929년에는 도시계획 가로선과 지역이 결정되었
다. 하지만 도시계획 사업은 계획의 인가를 받았지만 재원 마련에 실
패하여 제대로 진척되지 못했고, 또한 도시계획에 대한 일반 민간인
들의 의식도 자체의 노력에 만족하면서 하코다테에는 정부가 마련한
도시계획이 "적합하지 않다"는 수준에 머물렀다.[64] 1921년 대화재 이
후 일련의 복구작업과 가구개정 사업을 통해 재정비된 하코다테의 모
습은 1925년의 하코다테 지도[65]를 통해 확인할 수 있다. 이 지도를 통
해 보면, 하코다테는 중심이 더욱 더 동쪽으로 이동해서 쥬지가이 일
대가 중심이 되고 한편으로 하코다테 만을 따라 매립 및 항만 축조도
진행되면서 가메다 북쪽으로 시가지가 확대되고 있다. 1911년 시기
호리에(堀江) 초 주변에 머물렀던 시가지가 더욱 확대되어 고료카쿠
에 바로 인접한 곳까지 뻗어가고 있으며 앞서 말했듯이, 쥬지가이에
서 이곳을 지나 야노가와까지 노면전차 노선이 설치되어 있다. 도시
구조 면에서는 항만 인접 지역에는 관련시설이 집중되고 그 이면에
상업지구가 나타나며 야마노테 지구는 완전히 주택지구로 확립되어
있다.

  1921년의 대화재 후 하코다테에서는 민관이 힘을 합쳐 방화 의식을
강화하고 지속적인 방화 노력을 펼쳤다. 특히 하코다테 소방대는 많
은 진화 경험과 함께 각종 소방시설 및 화재경보 시설의 확충을 통해
화재경보 후 "5분 안에" 현장에 도착해 진화작업을 수행할 수 있다는
평가를 받았으며, 1933년에는 하코다테가 화재에 대한 대비를 충분히

---

64) 위의 책, 727쪽.
65) 「函館市街全圖 最新版」(1925) (函館中央圖書館所藏, 資料番號: 181587129).

갖추었다는 인식에 차 있었다.[66]

하지만 1934년 3월 21일 스미요시(住吉) 초에서 불이 났다. 마침 풍속 20미터 이상의 강한 열풍이 불면서[67] 11시간 이상에 걸쳐서 불이 계속되었다. 불의 방향은 바람을 타고 동부지구로 향해 지금까지 화재에 크게 피해를 입지 않았던 동부지구가 주요 대상이 되었다. 40개 초의 1만 동 이상이 잇달아 불탔고, 사망자 2,165명이라는 미증유의 재해가 발생했다. 다행이라면 풍향으로 인해 니쥬켄자카 이북의 서부시가는 불이 옮겨 붙지 않은 것이었다.[68] 전국 제일이라는 자부심을 갖고 있던 하코다테의 소방시설과 소방조직도 속수무책이었다. 1934년 대화재의 피해상황은 〈표 5-4〉와 같다.

표 5-4 1934년 하코다테 대화재의 피해 상황[69]

발화시간	3월 21일 오후 6시 53분
발화장소	하코다테 구 스미요시 초(東川町) 91번지
소실구역	4,164 평방킬로미터
소실호수	2,267 세대
이재민수	10,996명
피해총액	123,918,027엔
사망자	2,166명
소실건물	11,105동
진화시간	3월 22일 오전 6시

대화재 이후 일본건축학회가 직접 현지조사에 나서고 화재 원인으로 하코다테에 도시계획이 제대로 시행되지 않은 점과의 관련성을 지적하였다.[70] 그리고 일본건축학회는 도쿄 시정조사회의 협력하여 5월

1일에 「하코다테시의 부흥방책에 관한 건의(函館市の復興方策に關する建議)」, 「동의견서(同意見書)」를 총리대신, 홋카이도 도청장관에게 제출하였다. 이 건의에 입각하여 하코다테시가 마련한 건축물에 대한 대책은, ① 목조건물의 외벽은 토벽 혹은 모르타르 도장을 원칙으로 하고 잠정적으로 아연철판 등 불연재료로 만든다, ② 처마의 안쪽은 불연재료로 덮는다, ③ 목조 칸막이장옥(棟割り長屋)의 금지, ④ 목조 장옥의 호(戶)간 경계벽의 방화구획을 지붕면까지 시공할 것 등의 규제를 정하였다. 가구개정으로는 동부시가지에는 모래톱 부분을 세로로 관통하는 폭 약 36미터(20간)의 녹수대(綠樹帶)와 가로로 관통하는 폭 약 54미터(30간)의 대로 5선을 설치하고, 스미요시(住吉), 오호모리(大森), 신카와(新川)에 공원을 설치하며, 아울러 관청가와 소학교를 이용한 방화지구를 설정하였다.[71] 이상의 하코다테 부흥계획을 지도상으로 보면, 3개의 공원지대와 가로로 관통하는 5개의 대로와 세로로 관통하는 녹수대를 확인할 수 있다.[72]

물론 이 계획이 완벽하게 시행된 것은 아니지만 이 부흥계획에 따라 가구개정과 주택 건설이 이루어지면서, 오늘날 하코다테 시가지의 기본구조가 완성되었다. 무엇보다 이 계획이 가지는 중요한 의미는 이것이 기본적으로 1919년 도시계획법 및 시가지건축물법에 준거하여 시행된 것이며, 따라서 이 계획이 사실상 하코다테에서 최초로 시행된 근대적 도시계획이라고 할 수 있는 점에 있다. 이 계획에 입각해 부흥사업이 시작된 지 2년 후인 1936년의 하코다테는 이제 가메다를

70) 函館市史編さん室 編, 『函館市史 通說編第3卷』, 725~727쪽.
71) 函館消防本部 編, 『函館の大火史』, 123~136쪽.
72) 「函館市復興計畫圖」(1934, 北海道廳函館復興部) (函館中央圖書館所藏, 資料番號: 1810586907).

완전히 포함하는 형태로 시가지를 확대하였고 앞서의 〈그림 5-1〉에
나오는 1959년 시가지 영역과 거의 맞먹는 정도로 성장하였다.[73] 도
시 내에는 뚜렷하게 4개의 가로 축과 하나의 세로 축이 설정되어 있
고, 해안가에는 항만을 따라 해안도로가 설정되어 있고 그 위에 가로
축으로서의 대로가 자리하고 있다. 항만시설과 상업구역, 주거지역
간의 구분들이 이런 선들을 중심으로 전개되어 있다. 이렇게 1934년
의 대화재의 피해에서 벗어나면서 하코다테는 1938년에는 태평양 전
쟁 직전에는 인구가 22만 명으로 최대치까지 성장하였다.

5. 나오며

하코다테 시가의 역사는 대화재와 부흥의 역사이다. '대화재-가구개
정'을 되풀이하여 현재의 시가지를 획득해 왔다. 1878년과 1879년의
대화재 후 시행된 가구개정은 개항도시의 구조로부터 벗어나는 도시
적 변용을 가져왔지만, 그 근대도시적 외형에도 불구하고 실제 시행
수법은 전통적인 근세의 구획획정 방식을 사용했다. 1907년과 1921년
의 대화재들을 겪으며 하코다테의 도시공간 구조는 근대도시로서의
면모를 조금씩 보여주기 시작한다. 특히 1921년의 대화재 후에 시행
된 가구개정들은 하코다테에 항구로부터 야마노테로 올라가면서 전
개되는 구역의 구분을 조금씩 갖추게 하였다. 이런 가구개정을 통해
하코다테 시가는 점차 하코다테 산 북서쪽에서 점차 남쪽과 동쪽으로
확대되어 나갔고, 중심지도 하코다테 산 북서 경사면 아래 시가에서

---

73) 「函館市全圖」(1936) (函館中央圖書館所藏, 資料番號: 1810586857)를 통해 확인 가
능하다.

점차 동북쪽으로 이동해 가게 했다.

　1934년의 대화재는 오랜 화재 경험으로 방화에 대한 자신감에 차 있던 하코다테에 전대미문의 큰 피해를 입힌 대참사였다. 그 원인의 추적 속에서 1919년 도시계획법이 시행되고 1923년 하코다테가 도시계획법 적용 도시로 지정되었음에도 제대로 된 도시계획이 시행되지 않았음이 지적되었다. 이에 따라 1934년 대화재로부터의 복구 및 부흥계획은 도시계획법 및 시가지건축물법에 준거하여 마련되었고, 하코다테에 대해 최초로 근대적인 도시계획 사업을 시행했다. 이렇게 1934년의 대화재의 피해로부터 벗어나는 일련의 사업을 통해 하코다테의 도시공간은 〈그림 5-5〉과 같이 완전히 근대도시 공간으로서의 모습을 갖추게 되었다.

그림 5-5 근대 해항도시 하코다테의 공간구성

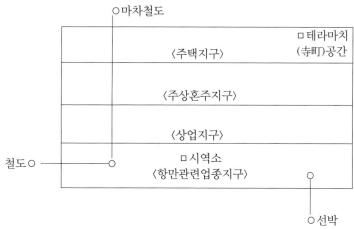

이를 〈그림 5-3〉의 개항도시로서의 하코다테 공간구성과 비교해 보

면, 그 변화가 명확해 진다. 처음 개항장도시로 선정되면서 의식적으로 외국인거류지와 관청 지역이라는 2분화된 공간구조를 갖추었던 하코다테는 그 이후 전개된 외국인과 일본인의 잡거 양상으로 외국인 주거가 많은 서부지역을 중심으로 발전했다. 하지만 그 이후 하코다테에서 빈번하게 발생한 화재는 이런 기본적인 도식을 허물어 버렸고, 방화를 목적으로 한 가로 및 방화선 설정을 도시공간 구성의 핵심 요소로 자리매김했다. 되풀이 되는 화재와 그 이후 시행된 가구개정 및 도시정비 작업들은 하코다테를 근대 해항도시 공간의 기본적 특징을 갖는 도시로 변모시켰던 것이다.

제6장

보론:

식민지도시의

도시계획 연구 시론

제6장
보론:
식민지도시의 도시계획 연구 시론

1. 들어가며

　서론에서 밝혔듯이, 원래 필자들이 공동연구를 수행하며 설정한 최종 목표는 도시계획이라는 렌즈를 통해 근대 일본 제국 해항도시의 공간 형성 및 구성상의 특징을 식민지 해항도시들의 공간 형성 및 구성상의 특징과 비교하여 제국일본의 식민지적 규정성을 겪은 동아시아, 특히 한반도의 근대성/식민성 해명에 도움을 줄 수 있는 유의미한 결론을 도출해 내는 것이었다. 하지만 필자들에게 주어진 시간적 한계와 역량상의 한계로 인해 근대 일본 해항도시의 도시공간 형성과정에 집중하여 이 책을 구성할 수밖에 없게 되었다. 그럼에도 우리는 향후 원래의 목적을 이루어가는 작업 과정에서 이 책이 하나의 디딤돌로서 기여할 수 있도록 여기에 보론으로서 식민지도시를 도시계획적 시각에서 접근할 수 있는 방법론적 논의를 시도해 보았다. 아래에서는 식민지도시에 대한 개념 정리와 역사적 전개에 대한 일반론적 정리를 시도하고 아울러 제국일본의 식민지도시들을 도시계획적 측면에서 개략적으로 정리해 볼 것이다.

식민지도시(Colonial City) 연구는 오늘날의 세계를 이해하는 핵심적 화두로서 '근대성(modernity)'을 이해하는 실마리로서, 나아가 그 '근대성'의 또 다른 얼굴인 '식민성'을 근저에서 파악하는 실체로서 주목받고 있다. 즉 비록 도시가 인류 문명의 출현 이래 항상 존재한 것이지만, 그럼에도 근대는 근대 도시 속에서 자신의 가장 뚜렷한 실체를 드러내기에, "결국 근대도시를 근대성의 공간적 구현이라고 할 수 있다면, '도시성(urbanism)'을 해명하는 문제는 근대성의 본질을 규명하는 문제와 직결"되는 것이다.[1] 거기에다 일본제국주의의 식민주의적 구도 속에서 '근대'를 맞이한[2] 동아시아의 현실을 파악하기 위해선 '근대'는 곧 '식민'과 다름 아니기에 '근대성'과 '식민성'을 동시에 이해하기 위한 실체로서 식민지도시에 대한 연구가 요구되는 것이다.

이런 측면에서 최근 한국 도시사 연구에서 도시에 대한 접근을 식민지도시 연구라는 측면에서 수행하여 여러 연구 성과들을 내고 있음은 주지의 사실이다.[3] 나아가 한국사만이 아니라 다른 지역 전공 분야와 학문 분야에서도 식민지도시에 대한 일련의 연구 성과들이 꾸준히 나오고 있다. 이런 연구 추세는 식민지도시의 이해가 한국을 비롯한 오늘날의 세계적 현실을 이해하는 중요 척도가 된다는 인식이 전반적으로 퍼져 나가 있음을 보여준다고 하겠다. 하지만 그럼에도 아

---

1) 김백영, 『지배와 공간 — 식민지도시 경성과 제국 일본』, 문학과 지성사, 2009, 28쪽.
2) 백영서 외, 『동아시아 근대이행의 세 갈래』, 창비, 2009 참조.
3) 식민지도시 연구에 대한 국내 문헌에 대한 연구사 정리는, 김백영, 「식민지 도시성에 대한 이론적 탐색: 공간사회학적 문제설정」, 『사회와 역사』 72, 2006, 173~175쪽 참조.

직까지 한국의 식민지도시 연구는 식민지 건축과의 관계 속에서 이루어지고 있지는 못한 것 같다. 대부분의 연구 성과들이 도시사나 도시계획, 도시 문화의 측면에서 접근하면서, 식민지도시의 공간성을 건축양식이나 건조환경 등의 식민지 건축적 특징과의 연관 속에서 파악해 내고 있지는 못한 것 같다. 이런 부분은 건축학 쪽에서 별개의 흐름으로 진행되고 있으며,[4] 도시사와 건축사의 유기적 결합은 아직 이루어지지 않은 듯하다.[5]

도시성은 도시의 물질적·공간적 측면, 건조환경, 건축양식이 도시의 사회·경제·문화체제와 "공생관계"에 있음을 드러낸다. 한 도시의 건조환경과 건축양식은 단순히 사회질서의 재현이나 사회적 행위를 둘러싼 단순한 환경이 아니다. "물질적·공간적인 도시형태는 사실 사회적·문화적 존재의 상당부분을 재현할 뿐만 아니라 그것을 구성한다. 사회는 상당부분이 그 사회가 만들어낸 건물과 공간을 통해 구성된다."[6] 따라서 도시사는 도시공간만이 아니라 건조환경 및 건축에 대한 이해를 결합시켜야만 어느 정도 완결된 모습을 갖출 수 있다.[7]

---

[4] 강혁, 「근대(성)과 식민성: 그 양면성과 갈등」, 『건축역사연구』 8, 1995, 146~152쪽; 青井哲人, 「계획의 식민지/일상의 식민지－도시사의 시각」, 『건축역사연구』 16, 2007, 182~207쪽; 이한석 외, 「항구도시 칭다오의 식민지시대 도시변천과 근대건축형성에 관한 연구」, 『한국항해항만학회지』 34-5, 2010, 355~365쪽.

[5] 이런 측면에서 일제강점기 조선인 건축가의 탄생과정을 다루는 김소연의 연구는 주목할 만하다. 그는 일제강점기에 일본의 근대건축에 입각해 탄생한 한국 건축가의 정체성을 다루어 탈식민주의 논의를 건축적 사유에 접목시키고 있다. 뿐만 아니라 일본 근대건축의 전개과정을 일본 제국주의의 전개과정과의 유기적 연관성 아래 파악하고 있다. 김소연, 「탈식민주의 담론으로 본 해방 전후 한국 건축가의 정체성」, 부산대학교 건축공학과 박사학위논문, 2007.

[6] 앤서니 킹, 이재용 옮김, 『도시문화와 세계체제: 문화, 공간, 역사로 읽는 세계도시체제』, 시각과 언어, 1999, 19쪽.

[7] 그리하여 식민지도시사에 대한 주된 외국의 연구 성과들은 도시계획사 및 도시공간 구조에 대한 분석과 건축양식 및 건조환경에 대한 이해를 결합시켜 연구를

이런 취지에서 필자들은 도시사와 식민지 건축 연구의 유기적 결합을 지향하는 통합적 연구를 수행해 왔고, 이 글은 식민지도시에 대한 이론적 정리 작업을 통해 구체적인 사례별 접근을 위한 토대를 마련하기 위한 것이다.

물론 이런 식으로 식민지도시 연구의 이론적 정리 작업을 수행한 연구들은 이미 존재한다. 특히 최근 식민지도시사 연구를 주도하고 있는 김백영은 도시 연구 일반에서 시작하여 식민지도시 연구에 이르는 방법론 및 이론적 정리 작업들을 체계적으로 수행한 바 있다.[8] 하지만 식민지도시에 대한 구체적이고 실증적인 작업은 "제국주의와 식민지 문제 일반에 대한 포괄적이고 비교사적인 조망 하에서"[9] 이루어져야 한다는 선행 연구자의 조언에 따라 식민지도시의 일반적인 모습과 특징에 대한 정리 작업을 수행코자 한다.

이하에서는 먼저 식민지도시의 공시적 의미에서의 전개과정을 살펴보는데, 특히 특정 식민지도시가 아닌 식민지도시 일반에 대한 역사적 접근을 시도하는 만큼 식민지도시에 대한 '국제정치경제학적'[10]

전개하고 있다. Gwedolyn Wright, "Tradition in the Service of Modernity: Architecture and Urbanism in French Colonial Policy, 1900-1930", *Journal of Modern History*, vol. 59, no. 2 (1987), pp. 291~316; Chou-joe Hsia, "Theorizing colonial architecture and urbanism: building colonial modernity in Taiwan", *Inter-Asia Cultural Studies*, vol. 3, no. 1 (2002), pp. 7~23; Michael Rosenthal, "London versus Sydney, 1815-1823; the Politics of Colonial Architecture", *Journal of Historical Geography* 34 (2008), pp. 191~219; T.G. McGee, *The Southeast Asian City: A Social Geography of the Primate Cities of Southeast Asia*, New York: Frederick A. Praeger, 1967; Robert Home, *Of Palnting and Planning: The Making of British Colonial Cities*, London: E & FN Spon, 1997; 飯塚キヨ, 『植民都市の空間形成』, 東京: 大明堂, 1984; 布野修司, 『近代世界システムと植民都市』, 京都: 京都大學出版會, 2005; 橋谷弘, 김제정 옮김, 『일본 제국주의, 식민지 도시를 건설하다』, 모티브북, 2005.

8) 김백영, 앞의 논문과 앞의 책, 1부 2장 참조.
9) 김백영, 위의 논문, 175쪽.

시각을 반영하여 정리하고자 한다. 그리고 현재 논의되고 있는 식민
지도시의 일반적 특징들을 정리하고 그에 대해 논의하며, 특히 식민
지도시의 가장 중요한 공간적 특징으로 제시되어 온 '이중도시론', 즉
종족이나 계급 등에 의한 공간 격리(segregation) 문제를 비판적으로
정리하여 보고자 한다. 이런 과정에서 식민지도시 일반에 대한 논의
와 현재까지 축적된 일본제국의 식민지도시 연구 성과를 비교하여 일
본제국 식민지도시의 특징적 면모도 나름대로 추출해 보고자 한다.

2. 식민지도시의 정의와 역사적 추이

먼저 정의부터 내리고 시작하자. 영어로 Colonial City는 '식민지도
시'와 '식민도시' 둘 다로 번역 가능하다. 하지만 '식민지도시'는 '식민
지에 있는 도시' 또는 '식민지배 아래의 도시'로, '식민도시'는 '식민권
력에 의해 만들어진 도시'로 풀어서 이해할 수 있다. 주지하다시피, 제

---

10) 이런 시각은 이매뉴얼 월러스틴의 '세계체제론'적 시각을 도입하여 근대 식민지
도시의 현상을 전지구적 자본주의 세계체제의 변천과정의 맥락 속에서 이해해야
한다고 보는 시각으로 '세계체제론적' 시각이라 부르기도 한다. 특히 최근 도시
연구에서 자주 제시되고 있는 시각으로 식민지도시의 경험이 제3세계의 현재까
지 이어지고 있음에 주목한다. David Crakakis-Smith, *The Third World City*, New
York: Methuen, 1987; Ashok K. Dutt, *et al.* (eds.), *The Asian City: Processes of
Development, Characteristics and Planning*, Dordrecht: Kluwer Academic Publ., 1994;
David A. Smith, *Third World Cities in Global Perspective: The Political Economy of
Uneven Urbanization*, Boulder, Colo.: Westview Press, 1996. 앤서니 킹도 비록 도시
문화 현상과 세계경제적 흐름과의 관계를 더 중시하지만, 세계체제론적 시야를
중요한 연구 축으로 삼고 있는 점에서 이와 같은 방식의 연구자로 분류 가능하다.
예컨대, Anthony D. King, *Global Cities: Post-Imperialism and the Internationalization
of London*, London: Routeldge, 1990 참조.

국주의 지배 하의 식민지에 존재한 도시에는 식민권력이 새로이 만든 도시만큼이나 전통적인 도시가 식민권력의 진출과 함께 새로운 공간적 변용과 전이를 겪는 경우도 많이 나타난다. 한국의 경우에만 해도, 부산이나 목포, 군산 같은 도시들이 전자에 해당되겠지만, 경성이나 평양, 대구는 후자에 해당될 것이다. 여기서 대상이 되고 있는 도시는 식민권력에 의해 새로이 만들어진 도시만이 아니라 식민지하에서 존재한 전통도시와 신 도시 모두를 포괄하여 지칭하기에, '식민지도시'라고 부르기로 한다.[11] 한편 '식민주의(colonialism)' 역시 복잡한 이론적 논의가 필요한 개념이지만, 여기서는 "경제적 목적을 위한 정치권력의 장악"이라는 단순하고 간결한 정의[12]를 사용할 것이다. 이를 앤서니 킹(Anthony King)은 『국제사회과학전문사전(*International Encyclopedia of Social Science*)』의 정의를 빌려 "지배권력과 분리되고 그것에 종속된 외지인에 대한 장기간에 걸친 지배의 구축 및 유지"라고 부른다.[13] 하지만 이런 정의에는 무엇보다 식민주의가 추구하는 가장 중요한 동기인 경제적 이윤 추구의 동기가 빠져있다. "식민지도시는 식민지 착취의 '중추신경'이었다."[14] 따라서 재론하겠지만, 식민지도시의 가장 중요한 기능은 경제적 기능이었고, 무엇보다 식민주의는 경제적 이윤 추구를 위해 다른 나라의 영토를 무력으로 지배 유지하는 것이었다.[15] 이런 기본적인 정의 하에 본 장에서는 식민지도시의 역사적 전

---

11) 이런 개념적 정의는 김백영의 생각을 따랐다. 김백영, 앞의 책, 73쪽, 주 1) 참조. 앤서니 킹도 식민지도시를 "식민화된 사회나 지역 내의 도시"로 기본적으로 정의하고, 이런 정의에 의해 "사회, 지역과 입지, 식민화과정, 결과물로서의 도시"라는 네 가지를 고려하게 된다고 한다. 킹, 앞의 책, 43쪽.

12) Crakakis-Smith, *The Third World City*, p. 11.

13) 킹, 앞의 책, 93쪽.

14) McGee, *The Southeast Asian City*, p. 56.

15) 식민주의에 대한 보다 심화된 개념적 논의는, 위르겐 오스터함멜, 박은영 · 이유

개과정을 대략적으로 살펴볼 것이다.

먼저 다양하게 전개되고 나라별로 또는 각 나라의 문화적 특징에 따라 자기 나름의 특색을 지니고 전개된[16] 식민주의의 전개과정을 보다 단순화시켜 제시하고, 거기서 나타난 단계별로 식민지도시의 특성을 간단히 요약해 보자. 특히 우리의 관심사가 주로 아시아에 있기에, 아시아에서의 식민주의의 전개과정과 식민지도시를 중심에 두고 정리해 보면, 그것은 아래 〈표 6-1〉과 같다.

표 6-1 아시아에서 식민지 도시화의 단계들[17]

연대기적 국면들	도시화의 주요 특징들
접촉 이전	소규모의 유기적 패턴의 소도시가 지배적
1500 상업식민주의	기존 항구에 제한적인 식민지 존재. 보통 지방의 자연 산물로 교역
1800 이행국면	해외 투자에 대한 유럽인의 관심 축소. 산업혁명에서 더 큰 이윤 창출
1850 산업식민주의	값싼 원료와 식량에 대한 유럽의 수요. 식민주의는 영토적 형태를 취하고, 새로운 정주 패턴과 유형학이 창출
1920 후기식민주의	도시 형태 상에 유럽의 영향력 심화. 도시 간 위계제 내에서 주변 소도시로의 영향력 확장. 종족간 격리의 증대
1950 초기 독립	일자리를 찾는 이주를 통해 도시 내 토착민의 급증. 빈민가와 무단점유 거주지의 확대

재 옮김, 『식민주의』, 역사비평사, 2006; 마르크 페로, 「서문: 식민주의, 식민화의 이면」, 마르크 페로 편, 고선일 옮김, 『식민주의흑서: 상권』, 소나무, 2008, 15~66쪽 참조.

[16] 포르투갈, 스페인, 네덜란드, 영국, 프랑스의 다양한 식민화 과정과 식민지도시 건설과정을 개괄적으로 비교, 설명하는 것은, 布野修司, 앞의 책, 제1장을 참조.

[17] Crakakis-Smith, *The Third World City*, p. 12. 아시아를 중심으로 정리되어 있지만, 아프리카나 라틴아메리카도 식민주의의 전개양상은 동일했다고 한다.

표에서도 보이듯이, 식민주의의 진출 이전에도 식민화의 대상이 되는 지역에는 도시가 있었다. 이들은 식민지 이전 도시라고 할 수 있는데, 이런 도시들은 16세기와 17세기 중상주의의 확장 때까지 식민지 이전의 특징들을 계속 유지하고 있었다. 이런 식민지 이전 도시들이 가진 두 가지 근본적 특징은 '단순성'과 '규모의 작음'이었고, 도시가 제공하는 기능이 적었고 공간적으로도 크게 변화하지 않았다. 인구 밀도가 낮았고 영향력이 미치는 범위도 제한적이었다. 경제 활동과 기능들은 오로지 기본적인 생계필수품의 공급과 유통만을 지향했다. 무역 활동과 원거리 교섭은 제한된 규모에서 발생했는데, 이는 얼마간은 운송망이 충분히 발전되지 못했기 때문이었다. 또한 얼마간은 지역의 자급자족적 성격과 지역 내에 모든 것을 갖추고 있는 성격의 결과로 그런 접촉의 필요성이 거의 없었기 때문이다. 식민지 이전 도시들은 단순했지만 독특하고 토착적이었는데, 이는 뒤의 식민지도시와 포스트 식민지 도시에서는 잘 보이지 않는 특징들이다. 식민지 이전 도시는 지역 환경과 지역 주도의 산물로 발전하였고, 따라서 지역의 요구에 봉사했다. 이런 도시들 중, 카이로(이집트), 캘커타(인도), 나이로비(케냐), 라고스(Lagos)(나이지리아), 방콕(타이), 자카르타(인도네시아), 상하이(중국), 리오 데 자네이로(브라질), 부에노스 아이레스(아르헨티나) 등의 도시들은 뒤에 식민지도시로 전개되었다.[18]

식민지도시가 본격적으로 등장하는 것은 표에서 상업자본주의라고 분류된 시기로서, 여기서 상업자본주의는 16세기, 17세기의 근대 초기 중상주의의 시대를 뜻한다. 처음에는 유럽에서 온 개인 모험가들이 금과 은 같은 귀중품을 얻기 위해 약탈을 하였다. 그 이후 추구 대상

---

18) Truman A. Hartshorn, *Interpreting the City: An Urban Geography*, 2nd Ed., John Wiley & Stone, 1992, pp. 48~49.

이 유럽의 교역 체계 내에서 값이 나갔던 향신료나 비단, 설탕 같은 상품으로 이동했다. 대체로 유럽인들이 입수했던 상품들은 그것들이 산출한 나라들의 자연 산물이었다. 이것을 기존 무역상들이 자체 지역별로 수집했고, 이런 지역 무역상들은 유럽 시장과 연결되어 있었지만 자신의 지역적 상업 기반에 아무런 손상을 입지 않았다.[19]

그러므로 전반적으로, 외국 땅에 유럽인이 많이 나가 있을 이유가 거의 없었다. 비록 유럽 중상주의의 활동 폭에 광범위한 나라들이 연루되고 그것들이 오래 동안 지속되면서 아주 다양한 모습을 보여주었지만 말이다. 라틴아메리카에서는 유럽인과의 최초의 접촉이 토착제국－아즈텍 제국과 잉카 제국의 모든 도시들－과 그들의 자산을 거의 완전히 파괴하였다.[20] 다른 곳에서는 특히 동남아시아에선 접촉이 종종 중국에서 유래한 귀중품의 교역에 기초했다. 그것은 중국제국과 유럽인의 직접 접촉이 전혀 이루어지지 않았기 때문이다.[21] 유럽인 정주지가 제한적 규모였던 것은 효과적인 지역 교역망 때문만이 아니라 상업식민주의가 국가 기업이 아니라 사영회사들에 기초했다는 사실 때문이기도 했다. 상주회사대표들은 숫적으로 비교적 적었고 기존의 토착도시 내에 공간적으로 한정된 거류지로 제한되는 경향이 있었다.[22]

19) 이매뉴얼 월러스틴, 유재건 외 옮김, 『근대세계체제Ⅱ: 중상주의와 유럽 세계경제의 공고화 1600-1750』, 까치, 1999, 4장; 필립 D. 커틴, 김병순 옮김, 『경제인류학으로 본 세계무역의 역사』, 모티브북, 2007 참조.

20) 차경미, 앞의 논문, 402~403쪽

21) Anthony Reid, *Southeast Asia in the Age of Commerce*, vol. 2: *Expansion and Crisis*, Ann Harbor: Yale Univ. Press, 1993, pp. 62~130 참조.

22) 하네다 마사시, 「광조우와 나가사키 그리고 인도양의 해항도시 비교」, 하네다 마사시 편, 현재열 · 김나영 옮김, 『17~18세기 아시아 해항도시의 문화교섭』, 선인, 2012, 33~49쪽.

이 시기의 식민지도시를 유형론적으로 보면 유럽인들은 보통 자신들이 살던 도시의 아주 작은 지역들에 갇혀 있었다. 이런 도시들 대부분은 유럽인들이 도착하기 전에 이미 종족별/직업별 구역들로 편제되었고, 그리하여 하나 이상의 집단간에는 상대적으로 거의 차이를 두지 않았다. 예컨대, 포르투갈인들이 1511년에 말라카에 대한 지배권을 얻었을 때, 이것은 단지 이맘(imam)을 주교(bishop)가 대신하고, 술탄을 총독이 대체하고, 소도시(town) 위에 요새와 교회를 건설하는 것으로 결과했을 뿐이었다. 항구에서의 교역은 별도의 중국인 구역과 일본인 구역, 아랍인 구역, 인도인 구역에서 계속되었다.[23]

유럽인들이 이 시기에 건설한 식민지도시에는 현대적 의미에서의 도시계획이란 거의 없었다. 초기에는 유럽인들 대부분은 단순히 자기에게 익숙한 도시 형태를 재현하고자 했다. 예컨대, 바타비아(Batavia)(자와)에서 네덜란드인들은 네덜란드에서처럼 운하를 따라 높고 조밀하게 꽉 들어찬 집들을 건설했다. 그러나 오염된 물과 탁한 공기로 인해 발생한 말라리아를 비롯한 질병들 때문에 곧 자와인 귀족들의 길고 낮은 빌라형 집들을 채택하였다.[24] 다른 곳에서도 비슷한 흐름이 독특한 일련의 식민지 토착 건축 양식을 만들어내었다. 그것은 기능과 시설 면에서는 유럽적이었지만, 디자인과 재료 면에서는 토착적이었다. 결국 이 시기는 식민주의가 기존의 도시 체계에 거의 영향을 주지 않았다.

18세기 말 무렵을 보면 표에는 이행기로 적혀있다. 이 시기에 유럽

---

23) Reid, *Southeast Asia in the Age of Commerce*, vol. 2, pp. 32~33.
24) 레오나르 블뤼세, 「부두에서; 바타비아 정박지를 둘러싼 삶과 노동」, 하네다 마사시 편, 현재열·김나영 옮김, 『17~18세기 아시아 해항도시의 문화교섭』, 선인, 2012, 141~169쪽.

인들이 해외사업에서 잠시 눈을 돌린 이유는 이러하다. 첫째, 나폴레옹 시기의 광범위한 유럽 전쟁이 상업 탐사가 의존했던 모험가들 중 많은 이들을 유럽 내에 묶어두었고, 그런 사업을 뒷받침했던 자금 대부분이 이런 전쟁에 투입되었다. 둘째, 무역이 아니라 생산 자체로 관심이 이동하면서 식민 활동의 비용이 급격하게 상승했다. 이 시기에 1799년에 무너진 네덜란드동인도회사와 같은 가장 크고 가장 유명한 몇몇 회사들이 파산하였다.[25] 사실 이 시기에 유럽인들이 이윤 획득을 위해 집중한 것은 산업혁명이 본격화 하고 있던 유럽 본토였다. 하지만 이렇게 산업혁명을 유럽 외의 현상과 무관한 것으로 보는 것 역시 올바른 시각은 아니다. 실제로 유럽에서의 산업혁명은 그 사이에 자신들이 획득한 비유럽 식민지의 뒷받침 없이는 불가능했다. 즉 유럽에서 본격적으로 자체 생산하던 수많은 상품들은 비유럽 식민지에서 제공하는 연료 없이는 불가능했던 것이다.[26] 따라서 이 시기를 유럽 식민주의가 중상주의에서 산업자본주의로 성격을 바꾸기 위해 휴지한 시기라는 인상을 주는 것은 잘못일 것이다.

어쨌든 19세기에 들어와 산업자본주의가 본격화되면서 유럽의 식민주의도 다시 본격화되었다. 유럽 산업혁명의 급속한 성장은 원료와 아울러 신흥 도시 노동력을 위한 식량 수요의 증가로 이어졌다. 1860년 이후 무렵부터 유럽의 자본은 다시 또 해외로 투자되고 있었지만, 이번에는 조직의 주요 주체가 국가였다. 원료와 식량의 축적은 교역 근거지 이상의 것을 필요로 하였다. 그것은 가능한 한 낮은 비용을 유

---

[25] Crakakis-Smith, *The Third World City*, p. 14.
[26] 이런 측면에서 유럽의 산업혁명과 자본주의 발전에 시야를 완전히 전도시켜, 이를 "종속적 발전"이라고 보는 시각도 있다. 산드라 핼퍼린, 최재인 옮김, 『유럽의 자본주의: 자생적 발전인가, 종속적 발전인가』, 돌의 숲, 2009 참조.

지하기 위해서 영토 획득과 생산의 조직에 의존했다. 식량의 대부분은 유럽인 정주지가 더욱 확대된 식민지에서 생산되었다. 영국의 경우, 이것은 오스트레일리아, 캐나다 그리고 남아프리카였다. 다른 곳에서는 물리적 제약으로 인해 유럽인 정주지가 원료 생산의 경영과 관리로 제한되었다. 종종 여기서 생산되는 산물은 더 이상 토착 작물이 아니라 말레이시아의 고무와 같이 새로 도입된 상품이었다. 그런 상품은 외국인 노동의 막대한 도입에 발맞춘 사회의 대대적인 재편을 필요로 했다.[27]

이런 모든 것은 새로운 식민지에서의 도시화에 아주 심대한 영향을 주었는데, 이런 과정을 앤서니 킹은 문화, 기술, 정치구조라는 세 가지 매개를 통해 경제적 동기가 공간적 형태로 변형되는 과정으로 설명하였다.[28] 19세기의 식민주의가 도시 체제에 미친 영향은 상업 시대에 비해 도시 위계 내의 모든 수준에서 감지할 수 있었다. 비록 시간과 장소에 따라 다양한 양태들이 존재했지만 말이다. 영국령 인도 같은 일부 지역에선, 전적으로 새로운 도시 위계가 창출되었다.[29] 북아프리카 같은 다른 곳에선, 내륙 교역로에서 새로운 연안 화물집산지로 도시 경제활동의 대대적인 방향전환이 일어났다.[30] 방향전환의 상당 부분은 새로운 식민주의의 재평가된 공간적 우선권으로 인한 것이었고, 그 충격에 있어서는 아주 선별적이었다. 그러므로 경제적·정치적 힘이 다른 도시들을 희생하고 일부 도시에 집중되면서 현대의 도시 우위성의 탄생을 보는 것이 이 시대이다. 짐바브웨(Zimbabwe)

27) 에릭 홉스봄, 전철환·장수한 옮김, 『산업과 제국』, 서울: 한벗, 1984, 124~141쪽.

28) Anthony King, *Colonial Urban Development: Culture, Social Power and Environment*, London: Routledge & Kegan Paul, 1978.

29) 飯塚キヨ, 앞의 책, 17~19쪽.

30) 커틴, 앞의 책, 58~60쪽.

같은 정주 식민지에서는 이것이 도시 발전이 나라의 백색 지역(white regions)으로 제한되는 것으로 이어졌다.[31]

식민지 도시들 내에서도, 유사한 사회적, 경제적, 공간적 격리 (segregation) 양상이 강화되고 있었다. 비록 제조업은 제한적이었지만, 대규모 상업 및 서비스 부문이 식민 권력의 교역 요구와 소비 수요에 맞추기 위해 존재하였다. 이런 활동의 상당부분이 기능적으로 도시 내 종족 및 계급 집단들에게 특정하였다. 동남아시아와 열대 아프리카에선, 종종 유럽인과 토착민 대중 사이에 경제적, 사회적, 정치적 완충을 이루기 위해 중국인과 인도인들이 들어왔다. 따라서 시장에서 상품을 둘러싼 직접적인 흥정은 비유럽인 집단들 사이에 일어났고 종족 분쟁과 대립은 소수의 식민지 지배층과는 무관한 것이 되었다.

이런 기능적 구분은 도시들 내에서의 종족적 공간 분리로 강화되었다. 비록 이런 분리가 유럽인들이 오기 오래 전부터 실행되어 왔지만, 새로운 식민지 계획가들은 도시계획 규정을 재빨리 이용하여 그것을 수선하고 강조하였다. 위생과 건축 규정 중 많은 것들이 유럽인 거주구역에서만 시행되었고, 유럽인 거주구역들은 공원과 경마장, 철도가 제공하고 사려 있게 설치된 군 주둔지가 강화한 오픈 스페이스의 방역선으로 비유럽인 지구와 효과적으로 분리되었다. 큰 것에서 작은 것까지 식민지 도시들의 도시 유형학의 주목할 만한 특징은 그것들이, 보통 인구학적으로 소수인 사람들의 '생활권(lebensraum)'에 의해 거의 완전히 지배되었던 점이다.

---

31) Crakakis-Smith, *The Third World City*, p. 17.

3. 식민지도시의 특징

식민지도시의 발전과정은 16세기와 17세기 중상주의의 등장과 확장과 함께 시작되었고, '공식적 식민화(formal colonization)'가 산업혁명에서 이어지는 19세기에 시작된 이후 원숙에 이르렀다. 따라서 제3세계의 도시 발전의 전개에서 식민지도시는 유럽 식민주의의 독특한 산물이며, 이어지는 포스트 식민지 시대에도 유산을 남겼다.

식민지도시의 등장은 많은 기존의 식민지 이전 도시, 특히 연안 도시들을 변모시키는 과정을 내포하였다. 변모 과정 동안, 식민지의 문화적·경제적 가치들이 주입되었을 뿐 아니라, 토착적인 기술적 과정들이 해체되기도 했다. 이런 과정은 비농업 생산 기술 분야에서 가장 가시적으로 일어났고, 그리하여 전통적 체제의 더 심화된 혁신과 발명 그리고 기술적 진보의 가능성을 파괴하였다. 도시 발전 패턴은 극적으로 수정되었고 제3세계는 그 결과로 서구 기술에 더 종속되었다. 제3세계의 도시 발전 패턴은 서구 세계에서 도시 발전과 함께 발견되는 긍정적 이점들을 발생시키지 못했기 때문에, "허구의 도시화(false urbanization)"와 결부되었다.[32]

식민지도시는 외래의 식민지 통치자가 식민지와 그 시민에 대한 경제적, 정치적, 사회문화적 지배를 행사하는 경제적 실체—유럽인의 식민지 전초기지—가 되었다. 식민지도시의 형태론적 구조와 사회문화적 환경설정은 식민 권력—영국이나 프랑스, 네덜란드, 스페인 또는 포르투갈—의 철학적 방향설정에 따라 지역마다 달랐다. 그렇지만 식민지도시의 설치 이면에 있는 일차적 목적은 그 후배지들에 대한

---

[32] Hartshorn, *Interpreting the City*, pp. 39~40.

경제적 착취에 있었다.[33] 인도의 봄베이는 고전적인 일례를 제공한
다. 그것은 잉글랜드의 직물공장에 수출할 자기 후배지의 무명섬유
생산을 신속히 처리하기 위해 개발되었다.[34]

일반적으로 식민지도시들은 무엇보다도 상업적 화물집산지, 즉 식
민지와 그것을 식민화한 나라 사이를 연결하는 분배 지점으로 기능하
였다. 이런 도시들은 무역의 침투를 용이하게 하고 일차산물(식민지
로부터의)의 수출과 제조업상품(식민지로의)의 수입을 위한 통로로
작동하는 유럽 제국주의의 중개자였다. 식민지도시의 상업망을 확대
하기 위해, 식민 권력은 화물집산 도시를 그들의 후배지에 있는 광업
중심지 같은 자원 기지와 커피나 설탕 같은 환금작물을 생산하는 지
역과 연결하는 데 필수적인 철도망을 발전시켰다.[35]

상업적 기능에 더해, 인도의 캘커타와 중국의 상하이, 브라질의 상
파울로(São Paulo) 같은 몇몇 식민지도시들은 산업 허브로 등장하였
다.[36] 이런 도시들에서 식민 권력에 의해 시행된 바로서의 산업 발전
의 두 가지 독특한 성격은 (1) 식민 모국의 공장들을 위한 원료 가공에
집중된 활동(이것은 운송비용을 최소화할 뿐만 아니라 식민자들이 고
도 숙련 노동이 필요치 않은 초기 원료 가공 공정 동안 식민지의 값싼
노동력을 이용할 수 있게 한다)과 (2) 자체 내에서 발전한 것이 아니라
유럽으로부터 완성품 인도 방식으로 이식된 공장들을 포함하였다. 이

---

33) 킹, 앞의 책, 42쪽.

34) Home, *Of Planting and Planning*, pp. 63~64.

35) "도시 수준에서 '전형적인' 식민지도시는 철도가 발달한 항구도시"였다. 킹, 앞의
책, 76쪽.

36) 캘커타의 경우는, Home, *Of Planting and Planning*, pp. 65~70; 상하이의 경우는, 첸
원량, 「상해 도시발전의 역사·문화적 배경」, 『서울, 베이징, 상하이, 도쿄의 대도
시로의 성장과정 비교연구 Ⅱ』, 서울시립대학교 서울학연구소, 2006, 429~456쪽
참조.

런 산업 발전 전략은 일반적으로 지역 주민들의 필요에 충분히 기여
하지 않았고, 포스트 식민지 시대에도 기술과 시장 양면 모두에서 서
구에 대한 지속적인 종속으로 이어졌다.[37]

  이런 식민지도시가 가지고 있는 특징들을 텔캄프(Telkamp)는 다음
과 같이 정리하였는데, 그가 정리한 특징들은 사실상 식민지도시가
가질 수 있는 여러 측면들을 전부 다 모아 놓은 듯하다. 즉 지역에 따
라 문화에 따라 다양하게 나타날 수 있는 여러 특징적 면모들을 모두
다 모아서 식민지도시의 일반적 특징으로 제시하고 있는 것이다.

〈식민지도시의 일반적 특징들〉[38]

O 지정학적 특징
  · 외부 기원 및 외부 지향
O 기능적 특징
  · 대부분 식민행정의 중심
  · 다양한 기능 수행(은행, 대리점, 보험회사 등)
  · 의사소통 네트워크의 중심
  · 경제적 매개체의 역할(철제 부두창고로 상징)
O 정치경제적 특징
  · 외래인이 지배하는 이중경제
  · 대규모 비숙련 토착노동자와 반숙련 이주노동자 집단의 존재
  · 식민 엘리트층 위주의 왜곡된 예산 지출
  · 3차산업부문에 의한 지배
  · 토착농업부문과의 기생적 관계

---

[37] Hartshorn, *Interpreting the City*, p. 51.
[38] G.J. Telkamp, "Urban history and European expansion: A review of recent literature concerning colonial cities and a preliminary bibliography", Center for the History of European Expansion, *Intercontinental*, 1, Leiden: Leiden Univ. Press, 1978; 김백영, 앞의 책, 77~78쪽에서 재인용. 이 목록은 킹, 앞의 책, 46~48쪽에도 제시되어 있다.

○ 정치적 특징
 · 토착관료민족주의 엘리트의 궁극적 창출
 · 다양한 공동체 지도자들을 통한 간접적 통치
 · 식민 모국 출신 상층 정착민과 토착 하층민간의 사회적 양극화
 · 배타적 · 폐쇄적인 도시 사회(예컨대 카스트)
 · 이질적 집단들로 구성된 이중적 혹은 다중적 사회(엘리트 집단, 토착주거집
   단, 간섭집단)
 · 종족집단에 따른 직업의 계층화
 · 다원적인 제도적 구조
 · 인종에 따른 거주지 격리
 · 대규모 비숙련 토착노동자와 반숙련 이주노동자 집단의 존재
○ 인종 · 종족적 특징
 · 인종적 혼합
 · 종족 집단에 따른 직업의 계층화
 · 인종에 따른 거주지 격리
○ 물리 · 공간적 특징
 · 해안 또는 강안에 위치
 · 기존 취락이 입지한 곳에 새롭게 구축
 · 인종적 격리와 결합된 격자형 도시계획
 · '서구적' 도시 디자인 모델에 따른 도시 형태
 · 주거지역의 특수성
 · 외생 엘리트층과 토착민 간의 거주지 격리
 · 식민지 엘리트 지역과 토착민 지역의 인구 밀도의 차이 및 이로 인한 생활
   양식과 삶의 질의 차이
 · 세 구역으로 분화: 토착 도시 지구, 시민 지구, 군사 지구

　사실 위에서 제시한 식민지도시의 특징은 식민지도시에 대해 한눈
에 알아볼 수 있게 하기 보다는 식민지도시 연구에서 고려되어야 하
고, 그 특수성을 확인해 봐야 할 사항들을 목록화한 것 같은 인상을

준다.39) 대략 살펴봐도 몇 가지가 눈에 띤다. 텔캄프의 특징들은 전반적으로 항구도시를 염두에 둔 듯한데, 아무리 항구도시가 식민지도시로 전형적이라 할지라도 항구도시가 아닌 식민지도시로서 그 기능을 충분히 수행한 경우도 많이 있다.40) 또한 식민지도시의 격자형 도시형태를 특징으로 들고 있는데, 사실 이 부분도 좀 더 구체화해서 논할 필요가 있다. 역사적으로 볼 때 도시의 형태 양상은 기본적으로 유기적 패턴과 격자형 패턴으로 나눌 수 있고, 전자는 근대 이전의 도시, 후자는 근대 도시에서만 나타나는 것도 아니었다. 또한 전자는 비유럽에서 일반적이고, 후자는 유럽에 일반적인 것도 아니었다. 정확히 말하면 유기적 패턴과 격자형 패턴의 도시 형태는 어떤 시대 어떤 곳의 도시든 취할 수 있는 도시 형태의 대표적인 범주들이었다.41)

이렇게 일반화된 특징을 고려할 때 구체적 양상을 통해, 특히 비교적 관점을 동원해 개별 식민지도시의 특수한 현상들에 접목하면서 접근해야 함을 잘 보여주는 것이 '공간적 격리(spatial segregation)'의 문제이다. 공간적 격리는 흔히 식민지도시의 가장 두드러진 특징으로 거론되며, 위의 일반적 특징에서도 상이한 상위범주들 속에 되풀이해서 포함되어 그 중요도를 보여주고 있다. 다음 절에서는 식민지도시의 공간적 특징에 주목하여 이 공간적 격리의 문제, 즉 '이중도시' 문

---

39) 김백영, 위의 책, 79쪽.

40) 대표적인 예가 경성이 될 것이다. Smith, *Third World Cities in Global Perspective*, 7장은 서울의 도시화에 중점을 두고 "한국의 도시화와 반주변부적 발전"을 논하고 있다.

41) 물론 근대도시와 식민지도시들이 뚜렷하게 효율성과 기능성을 강조하면서 격자형 형태를 취했음을 부정하는 것은 아니다. 다만 이런 형태들을 전근대와 근대라는 식으로 고정해서 해석하는 것을 경계하는 것이며, 이런 형태학적 범주들에 대해 고정된 접근을 하지 말 것을 강조하는 것이다. 도시 형태의 유기적 패턴과 격자형 패턴에 대한 일반적 설명은, 스피로 코스토프, 양윤재 옮김, 『역사로 본 도시의 모습』, 공간사, 2009, 43~92쪽과 95~156쪽 참조.

제를 비교적 관점에서 다루어보자.[42]

4. 식민지 도시의 공간 격리

식민지도시는 식민 통치자가 부과한 독특한 토지이용 패턴을 보여주었다. 이런 패턴은 종족적 경계 및 사회경제적 경계 둘 다에 따른 격리(segregation)로 특징지어진 공간의 주기지용 이용에서 명백하게 나타났다. 일부 구역이나 주거지역들은 배타적으로 유럽 식민지 정착민들 용으로 마련되었고, 다른 것들은 토착민과 다른 기능용, 예컨대 민간 행정부서나 군사 주둔지용으로 정해졌다. 이런 격리정책은 대부분의 식민지도시에서 부문별 개발 패턴의 창출로 이어졌다.[43] 종족이나 계급에 따른 공간적 격리는 이런 식으로 식민지도시의 가장 두드러진 특징 중 하나로 이야기 된다. 실제로 대부분의 식민지도시는 뚜렷하게 공간적 격리의 조치를 도시계획 과정에서 시행하는데, 이는 서구 제국주의 식민지도시든 일본 제국주의 식민지 도시든 큰 차이가 없는 것 같다.[44]

먼저 영국이 건설한 대표적인 식민지도시인 싱가포르의 모습을 보면, 〈그림 6-1〉에서 보이듯이, 도시의 중앙에 사업 및 정부관청 지구

---

[42] 이 일반적 특징 중 서구제국의 식민지도시에서나 우리의 주 관심 대상인 제국일본의 식민지도시에서나 식민지도시라면 어디에서든 볼 수 있는 특징도 있는 것은 분명하다. 예컨대 마지막에 거론된 토착 도시 지구, 시민 지구, 군사 지구라는 세 구역으로의 분화는 영국령 인도의 여러 도시, 특히 뉴델리나 싱가포르, 일본 지배 하의 경성이나 타이베이 등에서 확인할 수 있다. 특히 식민지의 수도로서의 역할을 한 도시에서 많이 나타난다.

[43] Hartshorn, *Interpreting the City*, p. 51.

[44] 킹, 앞의 책, 73쪽.

그림 6-1 싱가포르의 도시계획에서 보이는 공간적 격리[45]

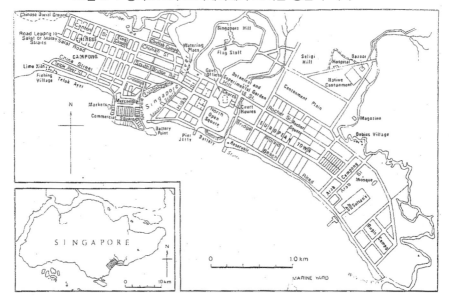

가 있고, 왼쪽에 중국인 캄퐁(Kampong; 비유럽인 거주 마을의 호칭),
오른쪽에 유럽인 시가, 유럽인 시가 북쪽에 인접해 군주둔지, 유럽인
시가의 오른쪽 아랍인 캄퐁, 아랍인 캄퐁 오른쪽에 부기스인 캄퐁이
위치하고 있다.

특히 이렇게 종족이나 사회경제적 계층에 따라 공간을 격리시킬 때
는 그 경계선에 공용공간이나 개방공간(Open Space)를 두어 일종의
'방역선'(cordon sanitaire)으로 활용했는데,[46] 이 경우에도 중국인 캄퐁
과 영국인 거주지역 사이에 관공서 지구와 함께 개방 광장을 두어 '방
역선'으로 활용하고 있다. 이를 보다 잘 보여주는 것은 역시 영국이

---

45) Holms, *Of Plangting and Planning*, p. 121.
46) 스피로 코스토프, 양윤재 옮김, 『역사로 본 도시의 형태』, 공간사, 2011, 111쪽.

건설한 대표적인 식민지도시인 뉴델리와 델리의 모습일 것이다.

그림 6-2 델리와 뉴델리의 경계지역[47]

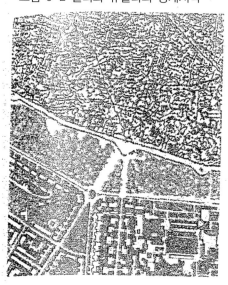

이 그림에서 보듯이 위쪽의 델리는 복잡한 유기체적 패턴의 전통적
인 도시 모습을 가지고 있고, 아래에 새로이 건설된 뉴델리는 근대도
시의 격자형 패턴을 보여주고 있다. 그리고 델리와 뉴델리 사이에 두
터운 녹지대 공원을 조성하여 둘 사이에 '방역선'으로 활용하고 있다.
이런 공간적 분리 양상은 일본제국주의의 경우도 다를 바 없었는데,
경성의 일본인 거주 남촌과 조선인 거주 북촌으로의 분리, 부산의 일
본 거류지 중심의 시가지 형성과 그 주변에 형성된 조선인 거주지의
분포, 타이베이의 일본인 거주지 룽딩과 대만인 거리 다다오칭간의

---

47) 코스토프, 위의 책, 111쪽에서 인용.

분리를 보면 알 수 있다.[48] 다만 차이점이 있다면 일본 식민지도시의 공간적 격리를 통한 일본인 거주지의 중심은 일본의 소위 '국가신도체제(國家神道體制)' 하에서 '신사'를 중심에 두고 설치되었다는 점일 것이다.[49]

하지만 그렇다하더라도 이렇게 식민지도시가 거의 공통적으로 공간적 격리를 수행하는 데는, 무엇보다 자연환경과 위생상의 문제가 제기되고 있다. 특히 서구제국주의의 경우 자신들이 살아온 환경과는 전혀 다른 지역으로 들어가 정주하게 되면서, 여러 풍토병과 힘든 기후조건에 적응하여 살다보니 전염병에 걸리기 쉬웠고, 이들은 이런 질병을 토착민들의 탓으로 돌렸다. 이런 측면에서 위의 〈그림 6-2〉의 뉴델리 사례에서 보여주듯이 전통 도시 옆에 새로운 도시를 건설하여 토착민들의 건강상의 악영향을 막으려는 의도를 보여주었다.[50] 이런 현상은 네덜란드가 바타비아를 건설할 때도 그대로 나타났는데, 그들은 처음에 토착민과 같은 지대에 거주지를 건설했다가 질병이 만연하면서 "좋은 공기"를 찾아 높은 고지대로 도시를 옮기는 모습을 보여준다.[51] 이렇듯 식민지도시에서 일어난 공간적 격리는 무엇보다 위생과 자연환경 문제가 크게 작용했다. 그렇게 본다면 서구 제국주의와는 달리 "지리적·문화적으로 식민지와 인접한 근린(近隣) 제국주의"였던[52] 일본이 식민지도시에서 시행한 공간적 격리의 모습은 좀 다르게

----

48) 이는 橋谷弘, 앞의 책, 22, 36, 44쪽의 지도들을 통해 알 수 있다. 그 외에 이 책에는 일본 식민지도시들의 여러 지도들이 수록되어 있는데, 대부분 공간적 격리 현상을 보여준다.

49) 靑井哲人, 앞의 논문, 184~188쪽.

50) 그래서 이츠카 키요(飯塚キヨ)는 영국이 인도에서 시행한 식민지도시계획의 가장 첫 번째 고려사항으로 "위생상의 안전성의 확보"와 "쾌적성의 추구"를 들고 있다. 飯塚キヨ, 앞의 책, 26, 55쪽.

51) 블뤼세, 앞의 논문, 147~150쪽.

보인다. 물론 일본인들이 당시 위생문제를 심각하게 여기고, '근대화'
의 한 상징으로 여기고 있었음은 분명하다.[53] 그리고 자신들이 지배
하는 식민지도시에서 토착민에 대해 자신들의 '문명화된 모습'을 위생
과 청결에서 찾고 이를 상하수도 사업의 시행과 공간적 격리를 통해
표현했을 수도 있다. 하지만 일본인들이 서구인들이 인도나 아프리
카, 아시아에서 겪은 그런 자연환경상의 괴리로 인한 어려움을 겪지
않은 것도 분명하다. 따라서 같은 공간적 격리임에도 그 동기에 관련
해서는 서구제국과 일본제국 사이에 얼마간의 편차가 있다고 생각할
수 있다.

한편 공간적 격리에 따른 이중도시론을 모든 식민지도시에 일반화
하여 가장 큰 특징으로 부각시키는 것이 과연 옳은지에 대한 의문도
있다. 사실 공간적 격리는 꼭 식민지도시에만 특수한 현상은 아니었
다. 한(漢)대의 중국과 로마시기의 유럽에서부터 현대 유럽의 게토에
이르기까지 다양한 목적에서 여러 가지 이유로 도시 공간의 분리가
이루어져 왔다. 그 목적에는 도시 기능의 활성화와 세금 징수의 원활
화 같은 다양한 이유들이 있었지만, 때에 따라 종족적·계급적 격차
에 따른 격리도 일어났다.[54] 또한 하네다 마사시의 연구에 따르면, 근
대 초기 유럽인들이 비유럽 지역으로 막 진출하던 시기 중국과 일본
같은 곳에서는 '외국인'에 대한 공간적 격리 정책을 폈지만, 호르무즈
나 이스파한 같은 서아시아 지역의 경우에는 공간적 격리를 주지 않

52) 김백영, 앞의 책, 22쪽. 서구제국에 비해 일본제국의 식민주의가 가진 특수성에
대해선, 피에르-프랑수아 수이리, 「일본의 식민화: 비서구 국가에 의한 근대적 형
태의 식민주의」, 마르크 페로 편, 앞의 책, 632~667쪽 참조.
53) 김백영, 「서양의 모방과 전통의 변용: 일본 근대 도시 형성과정의 이중적 경향」,
『일본연구논총』 23, 2006, 410~411쪽.
54) 코스토프, 『역사로 본 도시의 형태』, 102~110쪽.

고 혼재하는 양상을 보여주었다고 한다.[55] 따라서 이렇게 다양한 형
태로 이루어진 공간적 격리를 식민지도시에만 적용하는 것은 지나친
일반화일 수도 있다.

그런 의미에서 최근 식민지도시의 '이중도시론'에 대해 제기된 비판
적 문제제기는 주목된다. 이 비판은 경성을 남북촌이라는 이분법으로
보는 이중도시론이 원래 식민지도시계획의 입안자들이 의도한 것을
그대로 되풀이 하여 재생함으로써 실제 현상의 복잡다단한 현상을 사
상하고 획일화하는 "구성된 진실"이라고 주장한다.[56] 조선에서 일본
의 식민지 지배가 완숙기로 넘어가던 1925년 시기 경성에서 거주하는
일본인과 조선인의 실제 분포는 아주 뚜렷하게 구분되는 듯이 보이지
만, 실제로는 일본인과 조선인의 주거지역이 만나는 중간 지점에서
상당한 혼재의 모습을 나타내고 있다.[57] 특히 당시 경성에는 상당수
의 중국인이 거주했는데, 이런 이중도시론에 따르면, 중국인의 존재
는 사라지고 만다. 이들 중국인은 '잡거'의 형태를 띠고 일본인 거리와
조선인 거리 어느 쪽이든 혼재하여 살았다. 따라서 우리가 쉽게 표현
하는 일본 강점기 경성에 대한 '이중도시'적 규정은 실제로 일본 강점
기 경성의 실제 모습을 보지 못하게 하는 측면이 있다. 경성과는 다른
맥락에서 새로이 식민지도시로 건설된 대표적인 도시인 부산의 경우
에도, 초기 지금의 광복동을 중심으로 일본인 거류지가 형성되고 시

---

55) 하네다 마사시, 「인도양 해역세계 해항도시들의 특성」, 『The 1st International
   Conference. International Committee of Maritime Culture Institutes: The Formative
   History of Sea-Port Cities and the Structural Features of Sea-areas, April 15-16, 2011』,
   한국해양대 국제해양문제연구소, 2011, 27~28쪽.
56) 김종근, 「식민도시 경성의 이중도시론에 대한 비판적 고찰」, 『서울학 연구』 38,
   2010, 60쪽.
57) 이는 위의 논문, 45쪽에 실린 1925년 경성의 주거양상에 대한 지도를 통해 알 수
   있다.

가지가 이루어졌고 완전히 식민화된 이후 그 지역으로 진출한 조선인
들이 일본인 거류지의 주변부에 거주하는 형태였지만, 식민 지배 후
기로 갈수록 시가지가 확대되면서 점차 복합거주 형태로 변화하게 되
었다.[58] 즉 부산의 경우에도 단순히 이중도시론을 적용하기보다는 시
간적 추이 속에서 식민지도시 정책의 변화와 실제 거주민들의 주거
행위의 변화를 고려하는 속에서 도시의 공간적 변화를 추적해야 할
것이다.

　이런 식민지도시의 공간적 특징, 특히 공간적 격리에 입각한 이중
도시론의 검토는 매번 식민지도시사 연구자들이 강조하는 바이지만,
여전히 중요한 사실을 드러낸다. 그것은 식민지도시 연구의 어떤 일
반화도 실제로는 하나의 준거점 설정으로서는 의미가 있지만, 실제
식민지도시의 실상을 전해주는 데는 한계가 있다는 것이다. 무엇보다
식민지도시 연구가 '근대성'과 '식민성'이라는 근본적인 문제에 대한
해답을 얻기 위한 실마리로서 제시될 때는, 일반화된 이론적 논의를
충분히 참고하더라도 실제 식민지도시에서 발생한 구체적 현상에 대한
연구를 통해서만 유의미한 결론에 도달할 수 있다는 것을 알 수 있다.

5. 제국일본 식민지도시의 도시계획

　그렇다면 이제 제국일본의 식민지도시의 구체적 양상이 어떠했는지
를 대략적으로나마 정리해 보자. 이 연구가 여기서 시도되듯이 대략적
으로만 이루어져서는 어떤 일반적 결론도 내리기 힘들다는 것은 분명

---

58) 김경남, 「일제하 조선에서의 도시 건설과 자본가집단망」, 부산대학교 사학과 박
　사학위논문, 2003 참조.

하다. 하지만 여기서는 차후의 보다 치밀한 연구를 위한 초석으로서 제국일본 식민지도시에 대한 대략적인 정리를 시도해 볼 것이다.[59]

일본은 19세기 중반 에도막부 시기에 유럽 제국주의 국가와 미국 등의 압력을 받아 외국과의 교역에 나서게 되었다. 이에 따라 나가사키, 고베, 요코하마, 하코다테 등의 개항장에 외국인 거류지가 설치되었고,[60] 이 거류지에는 도로나 공원 등의 사회간접시설이 정비되고, 콜로니얼 양식의 건물이 건설되었다. 이런 건물들은 인도나 동남아시아, 중국의 광저우나 상하이, 또는 아메리카 대륙 등을 거치면서 측량에서 토목ㆍ건축공사, 때로는 건축재료의 생산이나 기계설비까지 폭넓게 능력을 키운 유럽 및 미국인 기술자들이 그 경험을 살려 일본에서 수행한 것들이었다. 해안에 면한 오피스 거리와 고지대(소위 야마테[山の手] 지구) 주택지에 베란다가 달린 콜로니얼 건축이 줄지어 세워졌고, 이 두 곳 사이에 중국인이나 일본인의 거리가 생겼다. 한편 그렇게 출현했던 콜로니얼 양식은 거류지를 벗어나서 일본인 기술자들에게 영향을 미쳐 이를 기초로 소위 의사양풍건축(擬洋風建築)이 생겨나게 했다. 메이지 전기(前期)의 일본 도시는 이런 의사양풍건축에 의해서 새로운 경관으로 꾸며졌다.[61]

이들 거류지는 불평등조약의 개정을 가장 중요과제로 삼은 명치정부의 외교 노력으로 1899년에 폐지되었다. 한편으로 일본은 스스로 제국주의로 전환하여 갔고, 그 최초의 발로가 일본이 조선에 강제한 불평등조약(1876년 조일수호조규)이었다.[62] 그로 인해 부산이 개항되었

---

59) 이하의 내용은 김나영, 「도시계획적 측면에서 본 아시아 식민지 해항도시 비교」, 『해항도시문화교섭학』 8, 2013, 230~236쪽을 수정ㆍ보완한 것이다.

60) 함동주, 『천황제 근대국가의 탄생』, 창비, 2009, 78~80쪽.

61) 김백영, 「서양의 모방과 전통의 변용: 일본 근대 도시 형성과정의 이중적 경향」, 『일본연구논총』 23, 2006, 412쪽.

고, 다음 해에는 일본전관거류지, 청국전관거류지 및 각국 공동조계가
조선에 설치되었다. 그리하여 서구열강의 거류지획득의 움직임에 일
본이나 청국이 가담하고 조선 각지의 항이나 도시가 개방되었다. 조선
에도 양풍건축이 등장하고 각 거류지에는 항만이나 도로·하수도 등의
사회기반시설의 건설이 조선정부의 부담으로 진행되었다.[63]

　일본과의 관계 측면에서는 부산항을 주목할 수 있다. 일본에서 조
선반도로 들어가는 대표적인 관문으로서 중요한 부산에서 일본은 사
실상 독점적인 세력을 확립하였다. 부산거류지는 조선과 대마도 번
(藩)의 통교 창구였던 '왜관(倭館)'이 위치했던 지역에 그대로 설치되
어 약 38만 평방킬로의 면적을 얻었지만, 이후에도 최혜국대우를 이
용해서나 해안의 매립을 통해 토지를 취득하고 거듭 영역을 확대해
가 1910년의 '한국병합' 이전에 이미 주요 시가지가 형성되었다.[64] 현
재에도 한국의 가장 중요한 해항도시인 부산의 원형은 이렇게 완성되
었던 것이다.

　제국주의 국가로 나선 일본의 해외진출 움직임은 이윽고 대만(1895
년~), 사할린(樺太)(1905년~), 조선(1910년~)의 식민지 경영으로 전개되
었다. 또한 일본은 관동주(關東州)(軍政租借地, 1905년~), 남양군도(위
임통치령, 1922년~), 만주국(괴뢰국가, 1932년~) 등 다양한 형식의 해외
식민지를 차례로 획득하였다.[65] 제2차세계대전이 끝날 때까지 이러한
넓은 범위의 식민지에 일본은 많은 식민도시를 건설했다.

　근대 일본의 식민지 경영의 출발점으로 간주하는 것은 홋카이도(北

[62] 불평등조약의 내용은 김용욱, 「부산축항지」, 『항도부산』 2, 1963, 122쪽 참조.

[63] 손정목, 『일제강점기 도시계획연구』, 일지사, 1990, 86~93쪽.

[64] 김의환, 『부산근대도시형성사연구－일인거류지가 미친 영향을 중심으로』, 연문
　　출판사, 1973; 김경남, 앞의 논문.

[65] 高谷弘, 앞의 책, 14~15쪽.

海島) 개척이다. 유신 직후인 1869년 메이지정부는 삿포로(札幌)에 개
척사청(開拓使廳)을 설치하고 정책적으로 홋카이도의 개발을 추진했
지만, 여기에는 고용한 외국인을 통하여 미국의 개척정책과 식민지경
영 정책이나 기술이 도입되었다.[66] 이때 아사히카와(旭川), 오비히로
(帶廣) 등, 격자 패턴의 도시가 만들어졌다. 건축의 경우에도 미국에
서 발룬프레임(Balloon Frame)이라고 불린 목조벽식(木造壁式)구조와
예비판자부착(下見板張) 기술이 도입되었다.[67]

그림 6-3 1915년의 삿포로[68]

66) 피에르-프랑수아 수이리, 앞의 논문, 639~64쪽.
67) 布野修司 編, 『アジア都市建築史』, 京都: 昭和堂, 2003, 353쪽.
68) 「札幌區全圖」(札幌區役所 編, 1915).

그러나 근대 일본 최초의 식민도시라고 간주되는 삿포로의 계획에 관해서는 근세부터 내려오는 연속성으로 보는 시각도 필요하다. 1871년 삿포로의 건설이 시작될 때는 외국인이 고용되어 관여하지 않았기 때문이다. 실제로 삿포로의 가구치수(街區寸法)는 평안경(平安京)이나 근세의 정인지계획(町人地計劃)의 가구치수를 근거로 한 것이고, 개척사청·관청가·일반시가지의 지구설정(Zoning)은 근세 조카마치(城下町)의 지구설정과 공통성도 지니고 있었다.[69]

해외에서 일본의 본격적인 식민도시 건설은 청일전쟁(1894~1895년)의 결과 일본이 청국으로부터 할양받은 대만에서 시작되었다.[70] 도시건설에 있어서는 도로와 하수도의 정비를 핵심 사업으로 삼아 도시개조를 추진하는 '시구개정(市區改正)'의 방식이 이용되었다.[71] 초기에 큰 역할을 수행한 것은 내무관료 출신으로 1898년에 대만총독부 민정국장이 된 고토 신페이(後藤新平; 1857~1927년)였다. '근대 일본도시계획의 아버지'로 여겨지는 고토는 이 이후에도 식민지 경영과 국내의 도시정책을 수행해 나간 아주 상징적인 인물이었다.[72] 그는 대만에서 영구 정착을 전제로 하는 도시 경영의 방향을 수행하고, 타이베이에서는 차도와 보도를 조합했던 대로나 정자각(亭仔脚)(도로에 면한 회랑)을 가진 도시건설의 형태를 부여하였다.[73] 이후 일본은 본국에서는 시구개정에, 식민지에서는 기존 시가지의 개조나 확장에 큰 힘을

[69] 布野修司 編, 앞의 책, 353쪽

[70] 高谷弘, 앞의 책, 13쪽.

[71] 식민지에서만 시행된 것이 아니라 일본 도쿄에 대해 1888년에서 1919년에 걸쳐 시행된 '시구개정'과 같은 방식을 말한다. 일본 도쿄에 대해 시행된 시구개정에 대해선. 김백영, 「서양의 모방과 전통의 변용」, 412~413쪽 참조.

[72] 高谷弘, 앞의 책, 163쪽.

[73] 위의 책, 43쪽.

기울였다. 그것은 조선에서도 같았다.

조선의 왕도 경성은 풍수사상에 기초하여 입지를 선정하고 중국도성의 체계에 준거하여 궁성이나 제사시설을 배치했으며 가로망이 불규칙하다는 특징을 지녔고 이미 약 400년의 역사를 가지고 있었다. 그러나 조선이 개항하면서 경성은 1882년에 개시장(開市場)으로 되었고, 이윽고 일본인 및 중국인을 중심으로 하는 외국인이 성내에 거류하기 시작했다. 일본인 거류지는 시가의 남쪽에 위치한 남산의 북쪽 면 일대('왜성대[倭城台]'라고 불리었다)에 설정되었다. 그 결과 나타난 경성시가에서의 민족적인 주거지 분리의 구조(북부=조선인거주지, 남부=일본인거주지)는 식민지 시기를 거치면서 해소되지 않았다.[74]

1925년을 전후하여 병합 후에 총독부가 추진했던 도시재편의 결과가 확실하게 나타났다. 미로 형태의 가로망 위에 폭이 넓은 시구개정도로가 도시의 커다란 골격을 만들어 나갔다. 그 중에서도 재빨리 건설된 것은 경복궁의 정면부터 도시 전체를 남북으로 관통하는 가로이다. 이 대평로(太平通)-남대문로가 서울에 명확한 도시 축을 부여했고, 총독부 여러 관청, 경성부청사, 경찰서, 주요 은행 등도 이 가로변에 새로 건축되었다. 경복궁의 정면에는 위압적인 바로크 양식의 총독부신청사(1926년)가 건설되었다.[75] 도시축의 남단은 남대문으로, 이곳부터 남산의 서쪽 사면을 오르면 식민지 조선 전역을 수호하는 국가적 창건신사 조선신궁(朝鮮神宮)(1926년)의 광대한 경내가 있었다.[76] 이러한 관청지구와 신사를 연결하는 도시축의 설정은 일본 식민지에 널리 보이는 특징이다.

---

74) 위의 책, 35~38쪽.
75) 손정목, 앞의 책, 101~105쪽.
76) 高谷弘, 앞의 책, 91~92쪽.

그런데 일본에서는 고토 신페이와 사노 도시카타(佐野利器)의 주도로 1919년에 도시계획법과 시가지건축물법이 제정되었다. 이를 수용하여 조선에서는 1934년에 조선시가지계획령, 대만에서는 1936년에 대만도시계획령이 저마다 시행되었고, 용도지역이나 토지구획정리라는 근대도시계획의 기술과 제도가 도입되었다.[77] 전후 대만이나 한국의 도시계획은 이것을 바로 계승하고 있다고 할 수 있다(대만의 정자각은 대만도시계획령으로 합쳐져 현재에도 유효한 제도로서 존속하고 있다).

만주지방(중국동북부)의 도시경영은 '식민특허회사'로서 1907년에 영업을 개시한 남만주철도주식회사(南滿洲鐵道株式會社; 만철)에 의해서 추진되었다.[78] 만철은 러시아가 시가 개설을 추진 중이었던 '철도부속지'에 계속적인 자본투하를 수행하여 사회간접시설의 정비를 정력적으로 전개하였다. 이곳에서도 지도력을 발휘한 것은 고토 신페이였다.[79]

장춘부속지는, 장춘청(長春廳)이라 불리던 중국인의 구시가에 인접하여 장춘정차장(역)을 중심으로 건설되었다. 선로의 맞은 편 정면은 관공서·상업·주택용지, 뒤쪽은 공장·창고용지로 삼았다. 평탄한 지형에 정연하게 만든 격자 패턴을 기본으로 하고, 역전과 시내 주요 요지에 설치된 광장으로 경사로가 집중하는 바로크적 도시계획이었다. 이것들은 만철의 도시경영에 공통적인 특징이다.[80]

77) 조선시가지계획령은 손정목, 앞의 책, 5장 참조. 대만도시계획령은 田中重光, 『近代·中國の都市と建築』, 東京: 相模書房, 2005, 324~327쪽 참조.
78) 西澤泰彦, 『圖說 滿鐵: 「滿洲」の巨人』, 東京: 河出書房新社, 2000.
79) 小林英夫, 『滿鐵調査部』, 東京: 講談社, 2015, 17~27쪽.
80) 越澤明, 『滿州國の首都計畫』, 東京: 日本經濟評論社, 1988, 40~46쪽.

그림 6-4 신경의 가로망과 공원 배치[81]

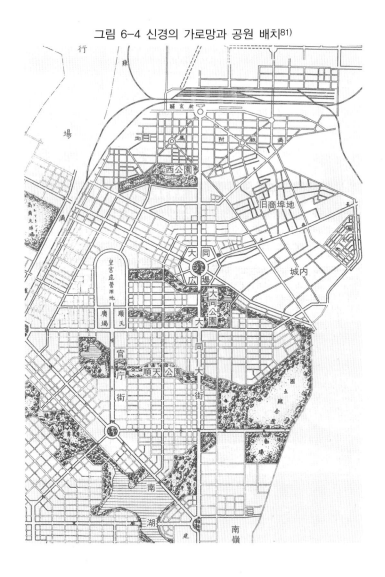

1931년의 만주사변을 거치며 '만주국'이 성립되자(1932년), 그 수도

---

81) 위의 책, 121쪽에서 인용.

로서 장춘이 선택되었고, '신경(新京)'이라고 이름지었다. 신경은 황제의 궁전과 정부 관청들이 자리한 계획인구 150만 명의 정치도시로서 국도건설국(國都建設局)에 의해서 만철시대의 기성시가의 남쪽에 계획되었다.[82] 궁전은 남쪽을 바라봤고, 궁성의 정면 중앙부터 남쪽으로 도시축이 뻗어 나왔으며, 여기에 관청가를 배치했다. 이것은 북경과 같은 중국 도성의 체제에 준하는 것이었다. 신경역(구 장춘역)에 더하여 남신경역이 설치되었지만, 이것들을 연결하는 다심방사(多心放射)형의 간선도로가 골격을 부여했고, 그 아래의 지선을 격자 패턴으로 하였다. 중요한 곳에는 직경 200미터를 넘는 광장이 만들어졌고, 그 중심은 공원을 만들었다. 하수는 오수와 빗물을 나누는 분류식(分流式)으로 하고, 한편으로 신시가를 흐르는 몇 개의 강을 막아 인공호수를 만들었으며, 거기에 빗물이 흘러들게 하여 조정지(調整池)이자 친수공원으로 이용하였다. 소하천이나 저습지대는 모두 공원이 되었고, 간선도로의 파크웨이에 결합하여 공원녹지계통(公園綠地系統)이 실현되었다.

이러한 신경의 도시계획은 당시의 일본 국내는 물론이고 구미 여러 나라를 포함해서도 선진적인 것으로서, 지금도 높이 평가한다. 계획 책정은 사노 도시타카를 비롯한 여러 전문가들이 수행했고, 고토 신페이나 내무성 관련 핵심 도시계획의 주요 전문가나 기술자가 고문이나 직원으로서 참여했으며, 그들이 축적해온 지식이나 기술이 발휘되었다. 식민지 만주가 근대도시계획의 실험장이라 칭하는 이유는 바로 이 때문이다.[83]

건축에서는 궁성 건축은 미완으로 끝났지만, 궁성에서 나오는 순화

---

82) 위의 책. 90~93쪽.
83) 高谷弘, 앞의 책, 164쪽.

가(順化街)에 일정한 양식을 가진 관청건물이 줄지어 건축된 것은 특히 주목된다. 이런 관청건물이 가진 양식은 단순화된 고전주의 계통의 벽체에 기와지붕의 커다란 물매지붕(勾配屋根)을 올리는 식이었는데, 이는 만주국이라는 하나의 국가를 상징하는 양식을 모색하여 나온 결과물이었다.[84] 하지만 이 양식은 당시 일본 국내에서 '제관양식(帝冠樣式)'이라 불리던 것과 대만의 중화민국 정부가 관청 건물을 지을 때 선호했던 절충양식과 비슷한 것으로 보인다.

6. 마치며

이상에서 식민지도시라는 근대 세계사를 특징지었을 뿐 아니라 오늘날의 세계를 배태한 도시적 현상을 대상으로 그 역사적 궤적과 함께 일반적 특징, 그리고 그에 따른 여러 가지 문제점들을 짚어보았다. 어떤 대상에 대한 역사적 궤적의 탐색이란 항상 개별적 사례에 초점을 맞추고 구체성을 확보하는 과정이어야 하는데, 여기서는 먼저 식민지도시를 16세기 이래 전 지구적으로 나타난 일반적 현상으로 추상하여 그 현상의 역사적 전개과정을 살펴보았다.

전체적으로 보았을 때 식민지도시는 16세기와 17세기까지는 소수의 유럽인들이 정주하고, 기존의 도시 구조를 유지한 채 도시 자체가 보유한 토착민 상업망에 의존하여 유지되고 있었다. 물론 소수의 유럽인들이 핵심적인 상업로의 길목이나 주요 연안 항구도시를 장악하여 토착민들과의 상품 거래나 중개를 통해 실제적인 이윤을 획득했지

---

84) 布野修司 編, 앞의 책, 355쪽.

만, 아직까지 식민지도시의 지배가 일정 영역에 대한 영토적 지배로
까지 이어지지는 않았다.

유럽인들이 여전히 소수임에도 식민지도시를 영토 확장의 발판으
로 삼고 일정한 영역에 대한 영토 획득을 통한 '공식적 식민주의'를 펼
치는 것은 19세기 산업화 이후의 현상이었다. 사실상 산업화 자체가
점점 더 많은 이윤을 추구하는 자본주의적 속성에 따라 더 많은 생산
성과 더 많은 소비 욕구의 창출을 필요로 하는 만큼 이런 모든 과정에
복무하고 유럽인들의 이윤 획득에 최대한의 봉사를 수행하는 식민지
의 역할이 중요하게 되었다. 따라서 유럽의 본격적인 산업화는 이미
16세기 이래 확보하고 있던 유럽의 비유럽 식민지를 기반으로 이루어
진 것이었고, 이런 과정에서 유럽과 비유럽 식민지를 연결하는 매개
고리 역할을 수행한 것이 식민지도시였다.

이런 식민지도시의 정치경제적 역할이 증대하면서, 식민지도시에
정주하는 유럽인의 비중도 점차 높아갔고, 이는 먼 거리를 떠나 이국
땅에서 사는 유럽인들에게 기후부적응과 각종 질병의 만연이라는 골
칫거리를 제공했다. 이런 계기를 통해 유럽인들은 얼마간 내재하던
토착민에 대한 '문명 대 야만'의 틀 지우기를 수행하고, 그것을 식민지
도시의 공간적 격리로까지 이어갔다.

한편 이렇게 전개되어 온 식민지도시들에는 수많은 구체적 사례를
통해 30가지에 이르는 공통된 일반적 특성이 제시될 수 있었는데, 이
특성들은 사실 언제나 실제 식민지도시의 구체적 사례 연구를 통해
재검토되고 재논의 되어야 할 사항들이었다. 어떤 특성은 대체로 많
은 식민지도시에서 공통적으로 보이는 현상이지만, 그럼에도 구체적
으로는 얼마간의 변이가 존재하며, 어떤 특성은 사례에 따라 전혀 나
타나지 않는 식민지도시도 있을 수 있을 것이다.

　그래서 식민지도시의 가장 대표적인 특징으로 거론되는 종족 및 사회
경제적 계층에 따른 공간적 격리, 즉 이중도시 문제를 실제 사례와의
대비를 통해 검토했다. 그 결과 식민지도시를 이중도시라고 부르는
자체가 실제 식민지도시의 개별 사례에서 존재했을 수 있는 다양한
잡거의 형태를 무시하는 결과를 낳을 수 있다는 것을 알 수 있었다.

　서두에서 얘기했듯이 본 연구는 식민지도시의 구체적 사례를 특히
건축양식 및 건조양식과의 관련 속에서 실증적으로 연구해 들어가기
위한 예비적 준거점 마련을 위해 준비되었다. 따라서 논리의 비약이
나 중요 사실의 누락 등 많은 점에서 문제가 노정될 수밖에 없다. 그
럼에도 앞으로 건축과 역사의 결합을 통해 식민지도시, 특히 식민지
항구도시의 구체적 사례들에 접근해 들어갈 수 있는 계기를 얻을 수
있었다.

참고문헌

はこだて外國人居留地研究會 編, 『はこだてと外國人居留地: 街竝・文化編』, 函館: はこだて外國人居留地研究會, 2013.

ヘルベルト・プルチョウ, 『外國人が見た十九世紀の函館』, 東京: 武藏野書院, 2002.

加藤政洋, 『大阪のスラムと盛り場』, 大阪: 創元社, 2002.

鎌田道隆, 「大坂觀の近世的展開」, 『奈良史學』6, 1988, 1~28쪽.

高奇昇三, 『都市經營思想の系譜』, 東京: 勁草書房, 1990.

關一, 「都市の綠化」(원래 『大大阪』4-1, 1928에 게재), 『都市政策の理論と實際』, 東京: 三省堂, 1936, 145~161쪽.

關一, 「都市計畫に關する新立法」(원래 『大大阪』2-4, 1926에 게재), 『都市政策の理論と實際』, 東京: 三省堂, 1936, 127~144쪽.

關一, 「都市計畫論」(원래 1934년 대학강연록), 『都市政策の理論と實際』, 東京: 三省堂, 1936, 99~126쪽

關一, 『工業政策上』, 東京: 寶文館, 1913.

關一, 『勞働者保護法論』, 東京: 隆文館, 1910.

關一, 『住宅問題と都市計畫』, 京都: 弘文堂書房, 1923.

橋爪紳也, 『モダン都市の誕生－大阪の街・東京の街』, 東京: 吉川弘文館, 2003.

橋爪紳也 編, 『大大阪イメージ』, 大阪: 創元社, 2007.

龜井伸雄, 「近代都市のグランドデザイン」, 『日本の美術』471, 2005, 8, 1~80쪽.

吉本憲生 外, 「昭和10年前後の大阪驛周邊整備を巡る訴訟にみられる地域像の樣相」, 『日本建築學會計畫係論文集』689, 2013, 7, 1677~1685쪽.

吉本憲生, 「大正・昭和初期の都市整備に伴う近代大阪としての都市像形成に關する研究」, 東京工業大學 工學博士學位論文, 2014.

內務大臣官房都市計畫課, 『市街地建築物法の話』, 1926.

大谷渡 編, 『大阪の近代－大阪市の息づかい』, 大阪: 東方出版, 2013.

大山梓, 「安政條約と外國人居留地」, 『國際政治』 14, 1960, 111~123쪽.

大山梓, 「日本における外國人居留地」, 『アジア研究』 7-3, 1961, 15~45쪽.

大阪都市協會大阪市都市住宅史編集委員會 編, 『まちに住まう-大阪都市住宅史』,
　　　平凡社, 1989.

大阪府立文化情報センター・新なにわ塾叢書企畵委員會 編, 『水都大阪盛衰記』,
　　　大阪: ブレーンセンター, 2009.

大阪市, 『明治大正大阪市史』, 제1권, 大阪市, 1935.

大阪市, 『第一次大阪都市計畵事業誌』, 大阪市, 1944.

大阪市 編, 『大阪市域擴張史』, 大阪市, 1935.

大阪市史編纂所 編, 『大阪市の歷史』, 大阪: 創元社, 1999.

大阪市土木部, 『大阪都市計畵竝同事業輯攬』, 大阪市土木部, 1937.

渡辺英郎, 「函館市における市街地の擴大」, 『函館大學論究』 30, 1999, 83~94쪽.

渡辺俊一, 『「都市計畵」の誕生－國際比較からみた日本近代都市計畵』, 柏書房, 1993.

渡辺俊一, 「日本近代都市計畵の成立期: 研究の課題と成果」, 『土木學會論文集』
　　　464, 1993, 1~11쪽.

島田克彦, 「近代大阪における市街地周辺部の開發と社會變動」, 『都市文化研究』
　　　16, 2014, 92~102쪽.

藤岡ひろ子, 「外國人居留地の構造－横浜と神戸-」, 『歷史地理』 44, 1992, 58~84쪽.

藤森照信, 『明治の東京計畵』, 岩波書店, 2004.

藤森照信, 「後藤新平の公の視點」, 後藤新平歿后八十周年記念事業實行委員會 編, 『後
　　　藤新平とは何か－自治・公共・共生・平和: 都市デザイン』, 東京: 藤原書
　　　店, 2010, 65~72쪽.

藤原玄明, 「長屋の近代都市大阪－摸索する都市計畵から'近代長屋'の成立へ」, 『法
　　　政大學大學院デザイン工學研究科紀要』 2, 2013, 115~121쪽.

藤田弘夫, 「都市空間の創出と社會生活」, 山室信一 編, 『'帝國'日本の學知, 第8卷
　　　空間形成と世界認識』, 東京: 岩波書店, 2006, 157~193쪽.

鈴木博之, 『都市へ』, 東京: 中央公論新社, 2012.

鈴木丈晃, 「都市計畵法」, 渡辺利夫・奥田進一 編, 『後藤新平の發想力』, 東京: 成
　　　文堂, 2011, 24~25쪽.

梅津章子, 「港都横浜の都市形成」, 『日本の美術』 473, 2005, 10, 1~80쪽.

飯塚キヨ,『植民都市の空間形成』, 東京: 大明堂, 1985.

宝月理惠,『近代日本における衛生の展開と受容』, 東京: 東信堂, 2010.

北澤猛,「近代の都市構想に關する考察－變遷と意圖」,『日本の美術』471, 2005, 8,
　　　86~98쪽.

肥塚龍,『横浜開港五十年史』(全2卷), 横浜: 横浜商業會議所, 1967.

山室信一,「空間認識の視覺と空間の生産」, 山室信一 編,『帝國日本の學知, 第8
　　　卷 空間形成と世界認識』, 東京: 岩波書店, 2006, 1~19쪽.

山村悅夫,「土木史におけるモデル規模適應過程分析(3)－函館市水道技術導入－」,
　　　『土木史研究』12, 1992, 243~250쪽.

三浦要一・谷直樹,「幕末期から昭和初期にかけての大阪船場の宅地割の變容」,『大
　　　阪市立大學生活科學部紀要』42, 1994, 85~92쪽.

西澤泰彦,『圖說 滿鐵:「滿洲」の巨人』, 東京: 河出書房新社, 2000.

石田賴房,「日本近代都市計畫史における海外都市計畫との接點について」,『都市
　　　計畫』133, 1984, 37~41쪽.

石田賴房,『日本近代都市計畫史研究』, 柏書房, 1987.

石田賴房,「日本近代都市計画史の全体像と時期区分」,『都市計画』, 144, 1989, 30~
　　　34쪽.

石田賴房,『日本近現代都市計畫の展開 1868-2003』, 東京: 自治體研究社, 2004.

小林英夫,『滿鐵調査部』, 東京: 講談社, 2015.

小林照夫,『日本港の歷史』, 東京: 成山堂書店, 1999; 再版, 2004.

小田康德,『近代大阪の工業化と都市形成』, 東京: 明石書店, 2011.

松澤弘陽,『近代日本の形成と西洋經驗』, 岩波書店, 1993.

松浦茂樹,「近代大阪築港計畫の成立過程－ブラントンからデレーケまで-」,『土木
　　　學會論文集』425, 1991, 203~211쪽.

水內俊雄, 「近代日本の國土空間をめぐる計畫思想とその實踐-地方利益と都市利
　　　益の相克」, 山室信一 編,『帝國日本の學知, 第8卷 空間形成と世界認識』,
　　　東京: 岩波書店, 2006, 195~234쪽.

須藤隆仙,『函館の歷史』, 東京: 東洋書院, 1980.

野田四郎 編,『都市計畫法・工場法・市街地建築物法』, 大阪: 盛弘堂, 1921.

永松榮,『都市と建築の近代』, 東京: 學藝出版社, 2008.

永井秀夫,『日本の近代化と北海道』, 札幌: 北海道大學出版會, 2007.

五木寛之, 『隱された日本　大阪・京都－宗敎都市と前衛都市』, 東京: 筑摩書房, 2014.

羽貝正美, 「震災復興と都市空間の近代化」, 『都市問題』 98, 2007, 53~63쪽.

原武史, 『「民都」大阪對「帝都」東京－思想としての關西私鐵』, 東京: 講談社, 1998.

越山健治, 「災害後の都市復興計畵と住宅供給計畵に關する事例的硏究」, 神戶大學 工學博士學位論文, 2001.

越野武外, 「明治中期(11, 12年函大火後)函館の中心街路とその建築」, 『日本建築學會計畵系論文報告集』 498, 1986, 102~112쪽.

越野武外, 「北海道における越後大工の活動」, 『日本建築學會計畵系論文集』 498, 1997, 195~201쪽.

越澤明, 『滿州國の首都計畵』, 東京: 日本經濟評論社, 1988.

越澤明, 『後藤新平』, 東京: 筑麻書房, 2011.

仁木宏, 「豊臣期大坂城下町の歷史的位置」, 『市大日本史』 4, 2001, 21~33쪽.

長尾充, 「函館と北海道の開拓都市」, 『日本の美術』 475, 2005, 12, 17~86쪽.

齋藤讓司・市川康夫・山下淸海, 「橫浜における外國人居留地および中華街の變容」, 『地理空間』 4-1, 2011, 56~69쪽.

田端宏外, 『北海道の歷史』, 東京: 山川出版社, 2000.

田中啓爾, 「地圖類より觀たる函館居留地の變遷」, 『陸水學雜誌』 8-3・4, 1938, 588~613쪽.

田中常義, 「橫浜の埋立」, 『土と基礎』 39-1, 1991, 21~28쪽.

田中重光, 『近代・中國の都市と建築』, 東京: 相模書房, 2005

田村貞雄, 「內國植民地としての北海道」, 大江志乃夫外 編, 『岩波講座 近代日本と植民地: 1 植民地帝國日本』, 東京: 岩波書店, 1992, 87~99쪽.

佐野充, 「港町の形成過程-橫浜-」, 『地図』 21-4, 1983, 11~20쪽.

中川武外, 「明治大正期の函館における和洋折衷町家の展開」, 『日本建築学会北海道支部研究報告集』 80, 2007, 342~346쪽.

中澤誠一郎外, 「近世初期に於ける大阪の市街形態」, 『日本建築學會論文報告集』 54, 1956, 721~724쪽.

池上中康外, 「近代日本地方中核都市における「路面電車郊外」の成立」, 『住總硏 硏究論文集』 38, 2011, 53~64쪽.

池田宏, 『現代都市の要求』, 東京: 都市硏究會, 1919.

池田宏, 『都市計畫法制要論』, 東京: 都市研究會, 1921.

芝村篤樹, 『關一－都市思想のパイオニア』, 京都: 松瀬社, 1989.

芝村篤樹, 「關一－その思想と政策の概略」, 『都市問題』 80-3, 1989, 55~65쪽.

芝村篤樹, 『日本近代都市の成立－1920年・30年代の大阪』, 松籟社, 1998.

川本三郎, 『横浜開港小史』, 東京: 警眼社, 1909.

靑山佾, 「後藤新平の都市論－四つの視點」, 後藤新平歿八十周年記念事業實行委員會 編, 『後藤新平とは何か－自治・公共・共生・平和: 都市デザイン』, 東京: 藤原書店, 2010, 37~47쪽.

淸水憲朔, 「日米條約と長崎・箱館の「交易會所開港」－三段階の開港を經る日本の開港－」, 『市立函館博物館研究紀要』 20, 2010, 1~20쪽.

村田明久, 「開港7都市の都市計畫に關する研究」, 早稻田大學 工學博士學位論文, 1995.

村井章介, 『世界史のなかの戦國日本』, 東京: 筑摩書房, 2012.

塚田景, 「近代横浜の都市形成」, 信州大學 工學博士學位論文, 2005.

春山明哲, 『近代日本と台湾: 霧社事件・植民地統治政策の研究』, 東京: 藤原書店, 2008.

太田久好, 『横浜沿革誌』, 東京, 東洋社, 1892.

澤護, 「横浜居留地のフランス社會(1)」, 『敬愛大學研究論集』 44, 1993, 131~170쪽.

片岡安, 『現代都市之研究』, 東京: 建築工藝協會, 1916.

布野修司, 『近代世界システムと植民都市』, 京都: 京都大學出版會, 2005.

布野修司 編, 『アジア都市建築史』, 京都: 昭和堂, 2003.

函館區役所, 『函館區史』, 函館: 函館區役所, 1911.

函館消防本部 編, 『函館の大火史』, 函館: 函館消防本部, 1937.

函館市, 『函館市都市計畫マスタープラン 2011-2030』, 函館: 函館市都市建設部都市計畫課, 2012.

函館市史編さん室 編, 『函館市史 通説編第1卷』, 函館: 函館市, 1980(函館市史デジタル版: archives.c.fun.ac.jp/hakodateshishi/ 참조).

函館市史編さん室 編, 『函館市史 通説編第2卷』, 函館: 函館市, 1990(函館市史デジタル版: archives.c.fun.ac.jp/hakodateshishi/ 참조).

函館市史編さん室 編, 『函館市史 通説編第3卷』, 函館: 函館市, 1997(函館市史デジタル版: archives.c.fun.ac.jp/hakodateshishi/ 참조).

和田康由, 「大阪の近代長屋について」, 『大阪市立住まいのミュージアム研究紀要・館報』 第1號 平成13・14年度, 2003, 19~30쪽.

荒木文四郎, "函館築港工事", 『土木學會誌』 5-2, 1919, 417~471쪽.

横浜貿易新報社 編, 『横浜開港側面史』, 横浜: 横浜貿易新報社, 1967.

横浜市役所 編, 『横浜市史稿 政治編』, 横浜. 1932.

横浜市役所 編, 『横浜市史稿 地理編』, 横浜. 1932.

横浜市 編, 『横浜市史 第二巻』, 横浜市, 1959.

横浜港振興協會横浜港史刊行委員會 編, 『横浜港史: 各論編』, 横浜: 横浜市港灣局, 1989.

横浜港振興協會横浜港史刊行委員會 編, 『横浜港史: 資料編』, 横浜: 横浜市港灣局, 1989.

横浜港振興協會横浜港史刊行委員會 編, 『横浜港史: 總論編』, 横浜: 横浜市港灣局, 1989.

横山好三, 『大阪都市形成の歴史』, 京都: 文理閣, 2011.

後藤新平, 「都市計畫と自治の精神」(원래 『都市公論』 12-4, 1921에 게재), 後藤新平歿八十周年記念事業實行委員會 編, 2010, 『後藤新平とは何か－自治・公共・共生・平和: 都市デザイン』, 東京: 藤原書店, 151~187쪽

後藤新平, 「東京市政要綱」(1921년 5월 日本工業倶樂部 연설, 『都市公論』 4-6, 1921에 게재), 後藤新平歿八十周年記念事業實行委員會 編, 2010, 『後藤新平とは何か－自治・公共・共生・平和: 都市デザイン』, 東京: 藤原書店, 191~200쪽.

『横浜と上海』共同編集委員會 編, 『横浜と上海－近代都市形成史比較研究』, 横浜: 横浜開港資料普及協會, 1995.

H. 호이써만・W. 지벨, 서봉원 옮김, 『주거사회학』, 백산서당, 2014.

강혁, 「근대(성)과 식민성: 그 양면성과 갈등」, 『건축역사연구』 8, 1995, 146~52쪽.

고석규, 『근대도시 목포의 역사・공간・문화』, 서울대학교출판부, 2004.

고시자와 아키라(越澤明), 장준호 옮김, 『도쿄 도시계획 담론』, 구미서관, 2006.

구메 구니타케, 방광석 옮김, 『특명전권대사 미구회람실기 제3권 유럽대륙(상)』, 소명출판, 2011.

김경남, 「일제하 조선에서의 도시 건설과 자본가집단망」, 부산대학교 사학과 박사학위논문, 2003.

김나영, 「도시계획적 측면에서 본 아시아 식민지 해항도시 비교」, 『해항도시문화
　　교섭학』 8, 2013, 203~246쪽.

김나영, 「일본 근대도시계획에 미친 서구 도시계획의 영향: 유형별 분석」, 『동북
　　아문화연구』 39, 2014, 457~476쪽.

김나영, 「고토 신페이(後藤新平)의 유기체적 도시 및 도시계획론」, 『일본연구』
　　37, 2014, 189~206쪽.

김나영·현재열, 「제국 테크노크라트의 도시사상: 오사카 시장 세키 하지메(關一)
　　의 도시 및 도시계획관」, 『동북아문화연구』 45, 2015, 405~423쪽.

김나영·현재열, 「도시계획적 측면에서 본 요코하마 개항장의 건설과정」, 『로컬
　　리티 인문학』 16, 2016, 293~326쪽.

김백영, 「왕조 수도로부터 식민도시로-경성과 도쿄의 시구 개정에 대한 비교연
　　구」, 『한국학보』 112, 2003, 76~102쪽.

김백영, 「식민지도시성에 대한 이론적 탐색: 공간사회학적 문제설정」, 『사회와
　　역사』 72, 2006, 169~211쪽.

김백영, 「서양의 모방과 전통의 변용: 일본 근대 도시 형성과정의 이중적 경향」,
　　『일본연구논총』 23, 2006, 407~449쪽.

김백영, 「식민지 제국 일본의 초창기 도시계획 비교연구-경성과 도쿄의 시구개
　　정에 대한 비교연구」, 서울시립대학교 도시인문학연구소 편, 『도시공간의
　　형성원리와 도시민의 삶』, 메이데이, 2009.

김백영, 「천황제제국의 팽창과 일본적 근대의 기획: 일본형 식민지도시의 특성에
　　대한 비교사적 분석」, 『도시연구: 역사·사회·문화』 창간호, 2009, 43~79
　　쪽.

김백영, 『지배와 공간-식민지도시 경성과 제국 일본』, 문학과 지성사, 2009.

김소연, 「일제강점기 한국인 건축가의 식민지 경험과 의식」, 『대한건축학회논문
　　집 계획계』 23-6, 2007, 175~182쪽.

김소연, 「탈식민주의 담론으로 본 해방 전후 한국 건축가의 정체성」, 부산대학교
　　건축공학과 박사학위논문, 2007.

김영정, 『근대항구도시 군산의 형성과 변화』, 한울, 2006.

김일림, 「홋카이도(北海道)의 역사와 문화경관」, 『한국사진지리학회지』 15-1, 2005,
　　39~49쪽.

橋谷弘, 김제정 옮김, 『일본제국주의, 식민지 도시를 건설하다』, 모티브북, 2005.

김종근, 「식민도시 경성의 이중도시론에 대한 비판적 고찰」, 『서울학 연구』 38, 2010, 1~68쪽

김철권·백태경, 「식민도시의 공간형성과 Segregation에 관한 연구: 1898-1931의 하얼빈을 중심으로」, 『아시아연구』 8-1, 2005, 147~162쪽.

김철수, 『도시계획사』, 기문당, 2005.

김춘식, 「제국주의 공간과 융합: 독일제국의 중국식민지 도시건설계획과 건축을 중심으로」, 『독일연구』 19, 2010, 111~144쪽.

다나카 아키라(田中彰), 현명철 옮김, 『메이지 유신과 서양문명—이와쿠라 사절단은 무엇을 보았는가』, 소화, 2013.

대한국토·도시계획학회, 『서양도시계획사』, 보성각, 2012.

동경도 국제부 외사과, 『동경의 도시계획 백년』, 동경도, 1994.

레오나르 블뤼세, 「부두에서; 바타비아 정박지를 둘러싼 삶과 노동」, 하네다 마사시 편, 현재열·김나영 옮김, 『17~18세기 아시아 해항도시의 문화교섭』, 선인, 2012, 141~169쪽.

마르크 페로, 「서문: 식민주의, 식민화의 이면」, 마르크 페로 편, 고선일 옮김, 『식민주의흑서: 상권』, 소나무, 2008, 15~66쪽.

박진한, 「1920·30년대 일본의 도시계획론과 도시계획사업—'오사카'와 '세키 하지메'를 중심으로」, 『인천학연구』 14, 2011, 159~191쪽.

박진한 외, 『제국 일본과 식민지 조선의 근대도시 형성』, 심산, 2013.

백영서 외, 『동아시아 근대이행의 세 갈래』, 창비, 2009.

성춘자, 「경관에 투영된 장소정체성의 사회적 재구성과 의미—일본 하코다테를 사례로-」, 『한국사진지리학회지』 23-4, 2013, 253~269쪽.

손세관, 『도시주거 형성의 역사』, 열화당, 2000.

송도영, 「식민지화와 도시공간의 근대적 재편성: 이슬람 전통도시 페스의 경험」, 『한국문화인류학』 34-1, 2001, 59~87쪽.

송도영, 「상징공간의 정치: 프랑스의 북아프리카 식민도시정책」, 『한국문화인류학』 35-2, 2002, 127~155쪽.

송도영, 「다문화도시적 관점에서 본 지중해 이슬람 도시—모로코 페스의 사례연구」, 『지중해지역연구』 10-4, 2008, 59~83쪽.

앤서니 킹, 이재용 옮김, 『도시문화와 세계체제: 문화, 공간, 역사로 읽는 세계도시체제』, 시각과 언어, 1999.

스피로 코스토프, 양윤재 옮김, 『역사로 본 도시의 모습』, 공간사, 2009.

스피로 코스토프, 양윤재 옮김, 『역사로 본 도시의 형태』, 공간사, 2011.

領木信太郎, 김영훈 옮김, 『도시계획의 조류』, 기문당, 2007.

위르겐 오스터함멜, 박은영·이유재 옮김, 『식민주의』, 역사비평사, 2006

이매뉴얼 월러스틴, 유재건 외 옮김, 『근대세계체제 Ⅱ: 중상주의와 유럽 세계경
　　　제의 공고화 1600-1750』, 까치, 1999.

이명규, 「일본 도시계획의 아버지: 이케다 히로시」, 『국토』 173, 1996, 90~97쪽.

이명규, 「일본의 동경시구개정조례에 관한 연구」, 『산업기술연구』 9, 1997, 173~
　　　190쪽.

이상봉, 「개항장도시 하코다테의 근대적 도시경관 – 문화접변의 양상과 의미」, 조
　　　정민 엮음, 『동아시아 개항장도시의 로컬리티』, 소명출판, 2013, 233~274
　　　쪽.

이한석 외, 「항구도시 칭다오의 식민지시대 도시변천과 근대건축형성에 관한 연
　　　구」, 『한국항해항만학회지』 34-5, 2010, 355~365쪽.

에릭 홉스봄, 전철환·장수한 옮김, 『산업과 제국』, 한벗, 1984.

전진성, 『상상의 아테네, 베를린·도쿄·서울』, 천년의상상, 2015.

차경미, 「라틴아메리카의 식민도시계획의 기원과 형성」, 『중남미연구』, 29-1,
　　　2010, 397~430쪽.

靑井哲人, 「계획의 식민지/일상의 식민지 –도시사의 시각」, 『건축역사연구』 16,
　　　2007, 182~207쪽.

첸원량, 「상해 도시발전의 역사·문화적 배경」, 『서울, 베이징, 상하이, 도쿄의 대
　　　도시로의 성장과정 비교연구 Ⅱ』, 서울시립대학교 서울학연구소, 2006, 429~
　　　456쪽.

산드라 헬퍼린, 최재인 옮김, 『유럽의 자본주의: 자생적 발전인가, 종속적 발전인
　　　가』, 용의 숲, 2009.

최철호, 「일본의 도시계획법제에 관한 연구」, 『토지법학』 18, 2002, 165~180쪽.

페이르-프랑수아 수이리, 「일본의 식민화: 비서구 국가에 의한 근대적 형태의 식
　　　민주의」, 마르크 페로 편, 고선일 옮김, 『식민주의 흑서』, 소나무, 2008,
　　　632~67쪽.

필립 D. 커틴, 김병순 옮김, 『경제인류학으로 본 세계무역의 역사』, 모티브북,
　　　2007.

하네다 마사시, 「인도양 해역세계 해항도시들의 특성」, 『The 1st International Conference. International Committee of Maritime Culture Institutes: The Formative History of Sea-Port Cities and the Structural Features of Sea-areas, Aprill 15-16, 201』, 한국해양대 국제해양문제연구소, 2011, 23~29쪽.

하네다 마사시, 「광조우와 나가사키 그리고 인도양의 해항도시 비교」, 하네다 마사시 편, 현재열·김나영 옮김, 『17~18세기 아시아 해항도시의 문화교섭』, 선인, 2012, 33~49쪽.

허정도, 『전통도시의 식민지근대화 — 일제 강점기의 마산』, 신서원, 2005.

현재열·김나영, 「비교적 전망에서 본 식민지도시의 역사적 전개와 공간적 특징」, 『석당논총』 50, 2011, 655~689쪽.

현재열·김나영, 「도시계획적 측면에서 본 16세기 해항도시 르아브르의 건설: 근대 도시계획의 기원」, 『역사와 경계』 90, 2014, 465~503쪽.

Bollerey, F. and K. Hartmann, "A patriarchal utopia: the garden city and housing reform in Germany at the turn of the century", AnthonySutcliffe (ed.), *The Rise of Modern Urban Planning*, London: Mensell, 1980, pp. 135~165.

Crakakis-Smith, David, *The Third World City*, New York: Methuen, 1987.

Dutt, Ashok K., et al. (eds.), *The Asian City: Processes of Development, Characteristics and Planning*, Dordrecht: Kluwer Academic Publ., 1994.

Evenson, Norma, "Paris, 1890-1940", Anthony Sutcliffe (ed.), *Metropolis, 1890-1940*, London: Mansell, 1984, pp. 259~287.

Gauthiez, B., "Préface", in C. Etienne-Steiner, *Le Havre: un port, des villes neuves*, Paris: Ed. du patrimoine, 2005, pp. 11~13.

Girard, Louis, *Nouvelle Histoire de Paris: La Deuxième République et le Second Empire*, Paris: Hachette, 1981.

Hartshorn, Truman A., *Interpreting the City: An Urban Geography*, 2nd Ed., John Wiley & Stone, 1992.

Home, Robert, *Of Palnting and Planning: The Making of British Colonial Cities*, London: E & FN Spon, 1997.

Hsia, Chou-joe, "Theorizing colonial architecture and urbanism: building colonial modernity in Taiwan", *Inter-Asia Cultural Studies*, vol. 3, no. 1, 2002, pp.

7~23.

King, Anthony, *Colonial Urban Development: Culture, Social Power and Environment*, London: Routledge & Kegan Paul, 1978.

King, Anthony, *Global Cities: Post-Imperialism and the Internationalization of London*, London: Routledge, 1990.

Leonardo Benebolo, *The Origins of Modern Town Planning*, trans. by J. Landry, Cambridge, Mass.: The MIT Press, 1971.

McGee, T.G., *The Southeast Asian City: A Social Geography of the Primate Cities of Southeast Asia* , New York: Frederick A. Praeger, 1967.

Pinkney, David H., *Napoleon III and the Rebuilding of Paris*, Princeton: Princeton Univ. Press, 1958.

Reid, Anthony, *Southeast Asia in the Age of Commerce*, vol. 2: *Expansion and Crisis*, Ann Harbor: Yale Univ. Press, 1993.

Rosenthal, Michael, "London versus Sydney, 1815-1823; the Politics of Colonial Architecture", *Journal of Historical Geography* 34 (2008), pp. 191~219.

Smith, David A, *Third World Cities in Global Perspective: The Political Economy of Uneven Urbanization*, Boulder, Colo.: Westview Press, 1996.

Sutcliffe, Anthony, *Towards the Planned City: Germany, Britain, the United States and France, 1780-1914*, Oxford: Basil Blackwell, 1981.

Sutcliffe, Anthony, *Paris: An Architectural History*, New Haven: Yale Univ. Press, 1993.

Wilson, William H., "The ideology, aesthetics and politics of the City Beautiful movement", Sutcliffe (ed.), *The Rise of Modern Urban Plannig*, London: Mensell, 1980, pp. 166~198.

Wright, Gwedolyn, "Tradition in the Service of Modernity: Architecture and Urbanism in French Colonial Policy, 1900-1930", *Journal of Modern History*, vol. 59, no. 2 (1987), pp. 291~316.

Yatanabe, Shun-Ichi(1984), "Metropolitanism as a Way of Life: the Case of Tokyo, 1868-1930", Anthony Sutcliffe (ed.), *Metropolis, 1890-1940*, London: Mansell, 1984, pp. 403~429.

[지도자료]

「YOKOHAMA」(1888)(横浜開港資料館所藏, 請求記號: FA38-I②1)

「YOKOHAMA」(1888)(横浜開港資料館所藏, 請求記號: FA38-I②2).

「近代都市の構築－大大阪の生活と文化－」(1989)(大阪都市協會大阪市都市住宅史編集委員會 編, 『まちに住まう－大阪都市住宅史』, 平凡社의 별책부록).

「浪花の繁榮－大坂三鄕の商工-」(1989)(大阪都市協會大阪市都市住宅史編集委員會 編, 『まちに住まう－大阪都市住宅史』, 平凡社의 별책부록).

「新刻函館港全圖」(1882) (函館中央圖書館所藏, 資料番號: 1810658417).

「神奈川港御貿易場大絵図」, 一玉斎, 安政6年(横浜市立圖書館所藏, 請求記號: E-038).

「新撰增補攝州大坂大繪圖」(1687), 林吉永板, 貞享4年(大阪歷史博物館所藏).

「札幌區全圖」(札幌區役所 編, 1915)

「函館市街全圖 最新版」(1925) (函館中央圖書館所藏, 資料番號: 181587129).

「函館市街之圖」(1874, 開拓使函館支廳) (函館中央圖書館所藏, 資料番號: 1810658698).

「函館市復興計畵圖」(1934, 北海道廳函館復興部)(函館中央圖書館所藏, 資料番號: 1810586907).

「函館市全圖」(1936) (函館中央圖書館所藏, 資料番號: 1810586857).

찾아보기

저자 소개

현재열(玄在烈)

    부산대 사학과(서양사 전공) 문학박사

    한국해양대 국제해양문제연구소 HK교수

김나영(金那英)

    일본 니혼대학 이공학연구과(건축공학 전공) 공학박사

    전(前) 한국해양대 국제해양문제연구소 HK연구교수